デジタルで変わる
広報
コミュニケーション
基礎

社会情報大学院大学 編

デジタルで変わる
広報コミュニケーション基礎

| 巻頭言 | デジタル時代に変わる
マーケティングとクリエイティブの役割 |

　月刊『宣伝会議』の創刊は1954年。以来、『宣伝会議』が見つめ続けてきた日本企業のマーケティング、宣伝・広告活動の60年を超える歴史の中で、インターネットの登場、浸透ほど、消費行動を変え、企業のマーケティングに変化を強いたものはありません。

　2000年前後から、企業のWebサイト開設が相次ぎ、当時はまだ、紙の会社案内、カタログをWebに転載する企業が主でした。その後、新しい"広告メディア"として「インターネット広告」「モバイル広告」が脚光を浴び、中小規模の企業にとっても広告が身近なものになったのもこの頃です。単価の低いインターネット広告は、広告という手段を必要としている企業の裾野を広げていきました。

　しかしながら、2008年頃になると、単に新しい広告メディアとしての位置付けでは、この潮流は捉えられないのではないか？という認識が広がります。結果、「デジタル」や「デジタルマーケティング」という概念が産業界に広がっていきました。

　そして現在。IoT、人工知能など、デジタルテクノロジーは進化の一途を遂げ、デジタルを活用して、いかに今の時代に合った商品・サービスの価値をつくれるか、という非常に根源的な課題に多くの企業が直面しています。

インターネット、そしてデジタルテクノロジーが浸透する社会は、消費者の行動、そして価値観を劇的に変えた。これまで価値があると思われていたものが、急速にその魅力を失ってしまう状況も生まれています。

　マーケティングや宣伝・広告の理論、実務には、これまで多くの研究者、実務家の方々がつくり上げてきた根源的に変わらない論理があります。一方で、これほどまでに時代が劇的に変わった今、見直すべき「概念」「手法」もあります。

　「デジタル時代の仕事の基本」をテーマにした本シリーズは、時代が変わった今日の「基本」を、改めて一冊の書籍にまとめることを目的としています。

　具体的には以下のような課題に対する解決策を提示してまいります。

- 既存の広告手段、メディアだけでは従来の効果が得られなくなっている。
- SNSが浸透し、消費者自身の発信量が増えたことで、ブランディング、ブランドマネジメントの方法論を変える必要が出ている。
- メディア、情報の量が爆発的に増えたことで、消費者のメディア接触が多角化し、自社の情報を届けづらくなっている。
- テクノロジーの進化のスピードが増したことで、商品のライフサイクルが極度に短命化している。

　デジタルテクノロジーの浸透だけでなく、少子高齢、人口減少、消費の成熟など、社会・産業構造の変化も、今日の企業マーケティングの大きな課題です。

本シリーズでは、「デジタルテクノロジーの活用で、現代の課題を解決する」こともコンセプトの一つに据えています。

　本シリーズは、宣伝会議が60年以上にわたり、専門メディアの刊行、教育事業の基軸にしてきた、マーケティング、広告・宣伝、広報、販売促進、クリエイティブの各領域で、新しい「仕事の基本」としてテーマ別に刊行してまいります。

学校法人日本教育研究団　理事長
株式会社宣伝会議代表取締役会長　東　英弥

13　はじめに
「未来を創る広報」とは

17　第1章
デジタル時代の「広報パーソン」とは
1-1　産業社会とメディアの変容
1-2　デジタル時代の広報パーソンとは

25　第2章
デジタル時代に問われる広報コミュニケーション —「情報集約社会」へ—
2-1　グローバルな変化の時代に
2-2　歴史の中の広報コミュニケーション
2-3　広報の変容からデジタル社会へ
2-4　情報集約社会へ
2-5　第2章のまとめ

41　第3章
コーポレート・コミュニケーション
3-1　コーポレート・コミュニケーションとはなにか？
3-2　コミュニケーションのマネジメント
3-3　コーポレート・コミュニケーションの役割と目的
3-4　ステークホルダーマネジメント
3-5　レピュテーションとは
3-6　レピュテーションの効果
3-7　アイデンティティーの重要性
3-8　レピュテーションとブランド
3-9　コーポレート・コミュニケーションの組織
3-10　第3章のまとめ

61　第4章
広報戦略の立案
- 4-1　広報の目的と活動の多様性
- 4-2　戦略策定の基本的フレームと広報戦略の全体像
- 4-3　広報のプロジェクト戦略
- 4-4　第4章のまとめ：広報・PR活動の戦略性強化に向けて

81　第5章
ICTの活用とコミュニケーションデザイン
- 5-1　ICTを活用したコミュニケーションデザインとはなにか？
- 5-2　ICTを活用したコミュニケーションデザインの全体像
- 5-3　基本的な考え方：「双方向」コミュニケーション
- 5-4　生活者の体験や行動を促し「自分ごと」化させる
- 5-5　多様な手段の特徴を理解し、目的に応じて柔軟に活用する（メディアニュートラル）
- 5-6　受け手に対する真摯なメッセージを送る
- 5-7　継続的な関係を構築する
- 5-8　第5章のまとめ

99　第6章
マーケティング・コミュニケーション（マーケティングPR）
- 6-1　マーケティング・コミュニケーション（マーケティングPR）とはなにか？
- 6-2　マーケティングPRの全体像
- 6-3　戦略的なマーケティングPR
- 6-4　デジタル時代の情報流通構造の変化
- 6-5　第6章のまとめ

119 第7章

インターナル・コミュニケーション

- 7-1　インターナル・コミュニケーションとはなにか？
- 7-2　第7章の全体像
- 7-3　「らしさ」を磨くインターナル・コミュニケーション
- 7-4　トップダウンのタテ連携
- 7-5　ボトムアップのタテ連携
- 7-6　ヨコ連携
- 7-7　ナナメ連携
- 7-8　ソト連携
- 7-9　トキ連携
- 7-10　デジタル時代に見直されつつある
インターナル・コミュニケーション
- 7-11　第7章のまとめ

135 第8章

CSRと地域社会への広報活動

- 8-1　CSRとはなにか？
- 8-2　CSRの全体像
- 8-3　CSRコミュニケーションの全体像
- 8-4　CSRをコミュニケーションする
- 8-5　CSRを発信する
- 8-6　CSRについて注意しておきたいこと
- 8-7　第8章のまとめ

153 第9章

成功するIR活動

- 9-1　IRとはなにか？
- 9-2　IRの全体像
- 9-3　IR活動の背景にある資本の論理
- 9-4　IRと理論株価の認識
- 9-5　ディスクロージャー
- 9-6　IR活動におけるステークホルダーとの関係
- 9-7　デジタル時代の成功するIR活動
- 9-8　第9章のまとめ

171　第10章
グローバル広報
10-1　いま求められるグローバル広報とはなにか?
10-2　グローバル広報の実践
10-3　グローバル広報実施におけるポイント
10-4　第10章のまとめ

193　第11章
電子自治体・行政広報の要点と実務
11-1　電子自治体の広報とはなにか?
11-2　電子自治体広報の全体像
11-3　電子自治体広報:広報
11-4　電子自治体広報:広聴
11-5　電子自治体広報:市民協働
11-6　第11章のまとめ

217　第12章
危機管理広報(対応とリスク管理)
12-1　危機管理広報とはなにか?
12-2　危機管理広報の全体像
12-3　危機管理広報における「危機」の特定
12-4　自主発表型と報道先行型
12-5　危機管理広報の初期対応
12-6　ステートメント
12-7　従業員への通知
12-8　社告ドラフト
12-9　Webサイトドラフト
12-10　報道機関対応レベル
12-11　報道機関からの個別インタビュー
12-12　記者会見対応
12-13　記者会見対応におけるスポークスパーソンの心得
12-14　報道後の個別問い合わせに対する注意点
12-15　危険な質問の四類型
12-16　第12章のまとめ

247　第13章
広報効果と効果測定
- 13-1　広報効果測定とは
- 13-2　広報効果測定の全体像
- 13-3　広報効果測定の実態
- 13-4　広報効果測定の分類
- 13-5　広報効果測定に必要な視点
- 13-6　第13章のまとめ

265　第14章
インターネット広報と
オウンドメディアの活用
- 14-1　オウンドメディアとはなにか？
- 14-2　オウンドメディアの全体像
- 14-3　オウンドメディアで変わる広報・PR
- 14-4　三つの企業の成功事例
- 14-5　ソーシャルメディアとオウンドメディア
- 14-6　オウンドメディアを運用する
- 14-7　第14章のまとめ

281　第15章
メディア・リレーションズ
- 15-1　デジタル時代のメディア・リレーションズとはなにか？
- 15-2　適切な媒体の選定とメディアとの付き合い方
- 15-3　メディアと関係を構築するための取材対応
- 15-4　プレスリリースとはなにか、その役割
- 15-5　第15章のまとめ

313　第16章
広報業務にかかわる法務
　16-1　広報業務にかかわる法務とはなにか？
　16-2　広報業務にかかわる法務の全体像
　16-3　コンプライアンスに根ざす広報
　16-4　謝罪は法的責任を認めるものなのか
　16-5　不祥事は公表しなければならないものなのか
　16-6　訴訟に際してのあるべき広報対応
　16-7　平時の広報において留意すべきポイント
　16-8　第16章のまとめ

331　おわりに
グローバル化とデジタル化によって高まる広報コミュニケーションの重要性

336　［引用・参考文献］

340　［執筆者一覧］

はじめに

「未来を創る広報」とは

社会の中で存在する組織の意思

　メディアが発達し、細分化した市場の上に高度な情報化が進む現代社会では、誰もが一次情報に触れる機会を有すると同時に、情報発信者になることが日常のこととなっています。常に情報の発信側に存在した企業などの組織は、従来の考え方を一新し、自らの置かれた状況を察知し把握しながら、社会とのコミュニケーションを通して成長する仕組みを形成していかなければなりません。

　昨今の環境下において、企業、行政、自治体を含むあらゆる組織には、ステークホルダーはもとより、生活者をはじめ、広く社会に向けて活動の意思を伝える気運が一層強く求められていると感じています。

　元来、日本の社会は、社会的意識の高い経営者によって創られてきました。「社会の公器として持続的に事業を営むこと」(『事業構想力の研究』〔2013年〕で著者が言及)こそが、最高の戦略であることは、近江商人の行動哲学である「売り手よし」「買い手よし」「世間よし」の三方よしにもいわれ、数々の企業が研さんし、実践してきています。

　生涯を通して、社会に対する誠実さと忍耐を貫いた渋沢栄一は、周知の通り『論語と算盤』で経営理念に基づく活動によって利益を追求し、社会に還元することの重要性を説いています。

　松下幸之助は、企業は「社会の公器」であることを、関わるすべての人に伝え、組織全体で実践していくために、広報と広聴を重視したといいます。現在の姿を世間に報告し、来るべき時代に予見される新しい価値を提示することに成功した先人です。事業を構想し、

はじめに

世の中を変えた経営者は、社会に宣言をして約束することで、企業の未来が創られることを、確信していたのです。

理念に基づく広報活動の重要性

　企業は、理念に基づき広報活動を行う必要があります。社会の中でいかに存在するか、この先どの方向を目指すかについて、「広く報告する」広報は、企業経営そのものでもあります。企業の意思とも言える理念への理解や共感を得続けることができれば、企業は社会の一翼を担いながら永続的に発展し成長を遂げることになります。実際、もはや社会の共感を得られなければ、企業活動が続けられない時代ともいえます。

　しかし、常に時代は変化していきます。現実の社会の動向と、新たな社会価値の接点を見出す役割が広報に問われているのです。刻々と変化する社会の中で、企業、行政、自治体、各種機関、団体をはじめとするあらゆる組織が、意思を発信し続けながら世の中の支持を集めるためには、所属する組織の過去、現在、未来について深く掘り下げ、研究することが必要です。それぞれの時代における、自社を取り巻く経済環境、社会の要請、生活者・メディア・市場との乖離、広報への反応を、正確かつ客観的に把握し、次に活かす成果として構築していくこと。これにより、日本社会の成長と真の成熟につながるのです。会社と社会の間に存在する「ギャップ」を分析し、承知の上で練っていく戦略が、会社と社会を変えていくことになります。

　その時の「意思」を社会に提示し、価値戦略を見極めて実践してきた歴史にこそ、広報の原点があるのです。時代感覚と社会構造の変化を捉える力は、いかなる時にも、経営の原動力になります。

　企業の社会的責任（CSR）を超えて、社会との共生（CSV）が進

んでいますが、本来、企業価値と社会価値は共存するものです。様々な物事や多様な価値観を踏まえ、社会情報が入り組んだ状況を整理し、落ち着いて分析、論究を行うことが、いよいよ広報においても喫緊の課題となっています。

　あらゆる組織において、理念と活動には、まさに未来学ともいえる研究が必要なのです。長期的社会動向を踏まえ、理念に基づく企業行動を推察し、国民をはじめ社会にどう発信していくか。また、その行動におけるリスク対応を事前に推察し準備できるかが、これからの経営、組織運営の要となることは昨今の社会問題からも明白です。

　企業の意思を伝えるための広報活動の重要性はますます高まっています。本書では、その本質と社会環境に即した形で実践する道筋を、各分野の専門家の方たちの共著の形で1冊にまとめたものです。

　広報活動のあり方は、それぞれの企業により異なります。自社の広報活動を研究、実践する際の一助になれば幸いです。

　　　　　　　　　　　　　　　　　　　　　　　　東　英弥

第1章

デジタル時代の「広報パーソン」とは

監修・執筆：社会情報大学院大学 学長
上野征洋

1-1. 産業社会とメディアの変容

　本書は書名が示すようにデジタル時代、すなわちグローバルに高速で情報が流通する中で、企業広報や行政広報、そして多様なコミュニケーション活動をよりよく、有効に展開するための入門書です。これから広報コミュニケーションを学ぶ人、すでに広告やPRの世界に身を置き、新しい展開を目指す人、そして自らの関心やキャリアを高め、専門家への道を歩こうとする人、こうした多様な有為の人々のニーズに応えるための編集・構成がなされています。まずは各論に入る前に、広報分野の専門性、身につけるべき理念や行動原理など、これからの「広報パーソン」や未来の「情報参謀」に必要な社会認識とあるべき姿を素描しておきましょう。

　今、広報コミュニケーション活動は、デジタル社会という大きな転換期に入り、その認識や行動原理が変化してきています。企業や行政において100年以上にわたって展開されてきた「広報」は新次元に入り、個人の生活を支える多様な情報システムとインフラが地殻変動を起こしている状態です。

　デジタル社会の進展は、企業や個人の営みにも大きな変化をもたらしつつあります。世界はデジタルネットワークで結ばれ、商取引は瞬時に成立し、戦争や事件も間髪を入れずに報道されるようになりました。デジタルは「地球上の時間と空間を小さくしてしまった」と言えるでしょう。私たちは居間にいながら、アメリカ大統領の演説を生放送で聴くこともできるし、その演説要旨はすぐにネットニュースで読むことができます。サッカーのワールドカップの勝敗も宇

宙ロケットの打ち上げ成功も、ほとんど同時に世界中が知ることになるわけです。「即時性と同時性」、これがデジタル社会の第一の特徴です。

　第二の特徴は、情報戦略によるマーケティングが企業活動の主役になったことです。情報経済が産業の主流に躍り出ることで、産業のソフト化が進み、いきおい生活者の関心も商品や事業の情報的な側面に集まることになります。その結果、商品やサービスの本質的な機能や価値よりも、その商品特性や付加価値をブランドイメージへと昇華させていく戦略が市場を左右するようになります。この10年ほど、「マーケティングPR」という用語が用いられるようになっていますが、それはデジタル時代が生んだ「マーケティングとPRの接近と融合」によって生まれたものと言えるでしょう。

　第三の特徴として、「ネットワーク型組織」の台頭が挙げられます。企業の内外を問わず、組織や市場にイノベーションを起こす主体は、従来の階層型組織よりも、異業種・異分野の壁を超えるネットワーク型組織のほうが、圧倒的な力を持つことが認識されています。
　こうしたネットワーク型組織は「自律」「分散」「分権」という特性を有し、人間らしい相互理解をベースにした協同・共創と呼ばれるコラボレーションを可能にしています。このようなオープンネットワークの持つ多様性や柔軟性が先導する経済活動が今、注目されています。

　ビジネス社会のデジタル化による顕著な潮流として、「即時性と同時性」「マーケティングとPRの接近」「ネットワーク型組織の主導」の三点を挙げましたが、他にも多くの変化や特徴があります。

最大の変化は、人々のメディア接触が大きく変わったことです。新聞、雑誌、テレビ、ラジオのかつて四大媒体と呼ばれたメディアの凋落と、ネットニュースへのアクセス急増、まとめサイト、キュレーションメディアなどのサイトやアプリの急速な増加などによって、情報接触のスタイルとパターンは今やすっかり様変わりしたと言っていい状況になっています。

　これに伴って、企業や行政の広報活動も大きく変化しました。その詳細は第2章以降で学んでいただくとして、ここでは、デジタル時代の「広報パーソン」に必要な資質と行動力について触れておくことにしましょう。

1-2. デジタル時代の広報パーソンとは

　時折、「優れた広報担当者とはどんな人か」「広報パーソンに必要な条件」などの質問を受けることがあります。かつて書店に「広報がうまくなる方法」といったハウツー本が並んでいたものですが、それらの本を読んで広報の達人になったという人を私は寡聞にして知りません。

　広報パーソンとは、頻繁にマスメディアに登場する人やリリースの達人などではなく、企業、行政を問わず、「謙虚な戦略立案者」であり、「深い思慮と慎重な行動ができる常識人」です。

　たとえば、トヨタの社長・会長を務めている張富士夫氏は、その社会人生活の中で広報担当を前後三回務めて同社の難局を乗り切った達人ですが、その穏やかな笑顔と知性こそが彼のノウハウの源泉なのです。

具体的にはどういうことを指すのでしょうか。これから広報パーソンを目指す人、すでに広報の世界で活躍していて、さらなる自分磨きを目指す人のために、その資質と認識の要諦を記しておきましょう。

　まず「ビジョナリー」であること。「ビジョナリー（理念とビジョン）の保持」とは、組織と自らの未来にしっかりと視座を定め、ビジョンと理念を語ることです。明確なビジョンこそ、情報に対する判断力の礎です。ジェームス・C・コリンズとジェリー・I・ポラスの『ビジョナリー・カンパニー』（日経BP出版センター、1995）は名著と呼ばれ、現在も続編が刊行され、多くのビジネスパーソンに読み継がれていますが、そこに示されている「優れた企業の条件」のほとんどの項目は「優れた広報パーソンの条件」そのものです。
　そのポイントは、「確固たる理念を持っている」「必ずしも利益の最大化が目的でない」「決して満足しない」などに要約することができるでしょう。面白いのは「叩き上げの経営者がいる」「カルトのような文化を持っている」という多様性を容認する点です。
　日本国内で優れた広報パーソンと呼ばれる人の多くは、その企業で20〜30年のキャリアを積んだ人です。アメリカの企業のように専門性を売り物にして転職を繰り返すプロの広報パーソンは日本には決して多くはありません。このことは、日本企業の情報発信というものが、その企業文化、風土、経営慣行に根ざして行われていることを示唆しています。自らの組織（企業、行政を問わず）を熟知し、そのうえでビジョンと理念を語ることができること。それが広報パーソンの第一条件なのです。

　二番目に「好奇心」が旺盛なこと。広報パーソンには森羅万象に関心を持つという資質が不可欠です。
　PR研究の第一人者であったスコット・M・カトリップはかつて、

広報担当者には「はるかな海上に出現する一片の黒雲から嵐の襲来を予測する先見性が必要」と語りましたが、デジタル社会ではもっと多様な展開も想定しなければなりません。一片の黒雲からは雨や風だけでなく、雪や雷の襲来も、場合によっては宇宙船の襲来まで、なにが起こるかわからないのが今の世の中です。そんな不測の事態に備えて脳内ネットワークをフル稼働させておくことが大切であり、その源泉となるものこそ好奇心なのです。

　もちろん、人間に対する好奇心も重要です。想定外が許容されない状況も考え、あらゆる出来事にアンテナを向けて予兆をキャッチすることが広報パーソンには求められています。好奇心のない眼に予兆が映ることはないでしょう。

　三番目は「多様性への対応力」です。なぜなら、企業や組織を取り巻く情報の発信源となるのは、多様な人々または組織だからです。

　アメリカではこの半世紀の間、人種差別、宗教差別が大きな課題となっており、多くの広報の教科書の第１章には「マイノリティーへの配慮」が記されています。いわば基本知識の一歩目に当たります。わが国ではそれほどでもありませんが、企業活動の国際化に伴い、就労者への宗教的配慮、民族的慣習などに対する公平性が重視されつつあります。

　国内においては、以前は雇用の男女平等などが求められていましたが、近年では学歴差、年齢差による待遇格差、正社員と契約社員の差、さらにはLGBTの人々や外国人労働者への配慮など、多様性の幅は広がっています。広報パーソンが常に向き合うのは、メディアを通して見える多様な市民であることを忘れてはなりません。

　ここに挙げた「ビジョナリーの保持」「好奇心の高さ」「多様性への対応力」はいずれも広報パーソンの基礎能力であり、人間性に根

ざす能力でもあります。しかし、見方を変えれば至極普通の資質であり、ビジネス社会を生きるうえで必須の条件とも言えるでしょう。では、どうすれば、こうした能力を身につけ、優秀な広報パーソンへと近づけるのでしょうか。それにはこの三つの資質の通奏低音である「想像力」に思いを至らせればよいのです。

　広報の仕事は「想像力」によるコンテンツの創造です。自らの情報発信が受け手にどのような影響を与えるのか、生活者はどのようなイメージを持って企業を見つめているのか。そうした想像力なしに的確な情報の受発信を行うのは困難です。「想像力」は人工知能やロボットではまねのできない人間性の世界なのです。

　また、より良い広報活動とは、発信すべき情報の構成力と伝達力に左右されます。伝えるべき相手の関心や情報理解力を想定してコンテンツを考えるのは当然のことでしょう。豊かなコミュニケーションとは、情報のキャッチボールで相手の反応や理解を読み、想像力がつくり出す新たな価値と共にある「あなた自身の未来へのパワー」なのです。

<了>

第 2 章

デジタル時代に問われる広報コミュニケーション
―「情報集約社会」へ―

監修・執筆：社会情報大学院大学 学長
上野征洋

2-1. グローバルな変化の時代に

　私たちは今、大きな時代の変化の中にあります。グローバルな潮流から日々の営みまで、地域と立場を問わず刻々と進展しつつある変化には、どのようなものがあるでしょうか。

　まず一つ目は、20世紀後半に始まった情報社会、すなわち巨大なネットワーク社会の出現によって、生活の隅々まで情報なしでは生きていけない世界が出現しました。この20年ほどの間に、あらゆる情報・言説はディジット（digit）という量子信号に解体され、瞬時に組み立てられて流通するようになりました。眼前の形としては、PCであり、スマホであり、はたまた銀行のATMや電子マネーのカードであったりしますが、それぞれの装置やツールがまさに情報の塊です。人々の行動は即座にデータとして取り込まれ、集積されたビッグデータ（ビジネスに役立つ可能性のある巨大で複雑なデータ集合）によって、地球の裏側に住む人々の行動すら把握できるようになりました。「高度な情報社会の到来」であり、デジタル時代の現実化です。

　二つ目は、「地球環境の荒廃」です。1992年、リオ・デ・ジャネイロで開かれた国連環境開発会議の席では、地球温暖化とCO_2削減を巡って先進工業国と発展途上国が対立し、「持続可能な開発（Sustainable Development）」という言葉が生まれました。生みの親はノルウェーの首相だったブルントラントです。そして四半世紀が経った今、国家であれ都市であれ、企業と非営利団体の別を問わず、この言葉が行動原則として語られるようになっています。こうして「地球環境の保全」があらゆる行動の指導原理として機能するようになったわけです。

三つ目は、成熟社会の到来と格差の拡大です。1960〜80年代に見られた地球規模での経済成長は、過剰なエネルギー消費を促し、大量の廃棄物を生み、そして生活環境に汚染を撒き散らしました。食料の過多とエネルギーの過剰が起こる反面、アフリカや中南米の一部では飢餓や貧困の中で子どもたちが虐げられる社会が出現しています。この「豊かさの中の貧困」という奇妙な不公平は、日本でも欧米でも日常化し「格差」が公然と政治課題となる時代になってしまいました。

　四つ目は、「価値観の相克」です。エネルギーや鉱物資源を奪い合う先進国とそれを供給する途上国。アメリカの国際政治学者、S.ハンチントンが予想した、宗教や価値観の違いによる文明の衝突がまさに現実化しつつあります。2001年にニューヨークで起きた「9・11」の同時多発テロ事件、その後のタリバン掃討とアラブの春、その後は「イスラム国」（IS）によるテロやシリア難民の問題へと、地球規模で衝突する価値観とそれらが引き起こす負の連鎖は止まりません。その激動に跳ね飛ばされた人々は難民となって欧州を放浪することになり、新たな「ディアスポラ（放浪者）の時代」が現実のものとなりつつあります。高度情報社会、地球環境の時代、豊かさの中の貧困と格差、そして価値観の相克がもたらす混乱。いずれも私たちが直面している課題であり、人々の未来に立ちはだかる壁と言えるでしょう。

　この四半世紀の間、企業も行政も団体も、なすすべもなく時代の波に翻弄されていたわけではありません。デジタルネットワークを活用したスマートシティ[※1]やインダストリー4.0[※2]、CPS（Cyber-Physical System）[※3]など、情報を生産や流通に連結させることで経済活動の高速化・高度化を図りました。また、企業や自治体はフィランソロピー（慈善的奉仕活動）をCSR（企業の社会的責任）から

ISO 26000シリーズ（CSRの認証規格）へと進化させ、環境対応と企業責任を軸にしたサスティナブルな経営へと舵を切りました。

　特に日本では2011年の東日本大震災以降、再生エネルギーの活用や自然災害への対応を進めており、多くの国々がそれに呼応するようになっています。このように社会が大きな変化に直面した時こそ、確かな道標として「情報交流」による「相互理解」が求められます。事実に基づく正確な情報、それを理解し伝達し活用するノウハウ、それらはすべて「相互理解」のためであり、そうした人と人、人と組織、組織と組織の間に、信頼とより良い関係性を生む原動力となるのが広報コミュニケーション活動なのです。

　多くの場合、情報の発信者は企業や行政であり、メディアが媒介する受け手は消費者であり住民とされてきました。これらの人々はステークホルダー、すなわち利害関係者と言えます。広報コミュニケーションとは「送り手と受け手による価値の交換行為」であり、そのキャッチボールから信頼に基づく新しい価値が生成されること、それが成果であり、広報の到達点なのです。

※1
　インフラ・サービスを効率的に運営し、人々の生活の質を高めるためにデジタルやインターネットの先端技術を用いた新しい都市モデルのこと。
※2
　製造業をデジタル化し、カスタマイズやコスト削減、製造プロセスの最適化を目指す、情報技術を駆使した製造業の革新のこと。
※3
　「経験」や「勘」といった属人的な事象を定量的に分析し数値化することで、現実に活かせる知見として引き出す仕組みのこと。

2-2. 歴史の中の広報コミュニケーション

「広報」の源流をたどっていくと、紀元前のエジプトやメソポタミアの世界に行き着きます。王権の確立した古代王朝では、パピルスや粘土板を用いて支配する領土の族長たちに布告、すなわち「おふれ」を出したといいます。それが広報と呼べるかどうかはさておき、王権の流布と記録は歴史の貴重な記憶を呼び覚ましてくれます。

同じ頃、中国に広報の極意を説く賢人がいました。孔子です。「民は由らしむべし、知らしむべからず」（『論語』）は、現代でもよく引用される言葉ですが、「（律法によって）人民を従わせることはできるが、なぜ従うのかその理由をわからせることはむつかしい」（中公文庫 貝塚茂樹注釈）というのが本意であり、統治の極意として、人々への説明をしっかり行うことの大切さを示唆するものです。時折、この箴言を「法令の理由など民に教える必要はない」と解釈する例を見受けますが、それは誤りです。古代から支配者には説明責任が求められているのです。

中世以降、洋の東西を問わず広報の形がはっきりしてきます。中でも15世紀からのグーテンベルク印刷技術の普及は非常に大きな出来事です。ルター、カルヴァンなどの宗教改革はグーテンベルクの聖書印刷に負うところが大きく、英国やドイツでは王侯貴族のみならず、一般庶民にまで情報が流通するようになりました。17世紀、英国のロンドンでは定期刊行物として新聞が読まれ、タウンクライアー（Town-crier）と呼ばれる役人が、文字の読めない庶民の前で布告やニュースを読み上げることが日常化していました。その頃、中国では隋、唐、宋の時代に整備された駅伝制（驛站、郵便制度の

原型）を用いて、戦況や布告は一日で500キロメートルの距離を駆け抜けたといいます。

　人々が近代的な情報流通の認知に至るのは18世紀以降のことです。それを可能にしたのが市民社会の出現です。それまでの王権による情報の流布は上から下への一方通行であり、それは「支配」の構造を象徴するものでした。しかし、アメリカ独立戦争やフランス革命はいずれも圧政に抗する市民革命であり、「市民」が主役となりつつある時代に、その市民の声を大量に複製し、人々の意識を変えたのが新聞や書籍などの印刷媒体だったのです。

　印刷媒体の普及は語句や思想を大量生産する道を開拓し、社会の変革に大きな役割を果たしました。トマス・ペインが発行した『コモン・センス』は独立派の広報媒体としてアメリカ独立戦争の引き金になりました。独立宣言の起草者の一人で、のちのアメリカ大統領トマス・ジェファーソンは、「人々の言説（public opinion）に基づく民主政治」を謳い、この考え方は、後年の広報（public relations）の源流となっていきました。

　情報の流通を飛躍的に高度化したのは、19世紀後半に起こった技術革新と産業革命に負うところが大きいでしょう。マルコーニが無線通信を、フェッセンデンがラジオ放送を、そしてベアードがテレビ放送を成功させたのは1890〜1920年代のわずかな期間であり、この時期はアメリカで「パブリック・リレーションズ」という言葉が社会的認知を獲得した期間とピタリと重なります。

　アメリカ鉄道協会がその事業の公共性ゆえにパブリック・リレーションズという用語を用いたのが1897年、その7年後、1904年にはパーカーとリーが初のPR会社をニューヨークに設立、そしてPRの父とも呼ばれるエドワード・バーネイズが「public relations council」

について著述したのがまさにこの時期で、「広報の黎明期」と呼ぶにふさわしい時代でした。

2-3. 広報の変容からデジタル社会へ

こうして20世紀初頭に社会的な認知を得た広報（public relations）ですが、その後は戦争と技術革新に寄り添いながら発展を遂げていくことになります。

広報の隣接領域である宣伝（propaganda）は第一次世界大戦、第二次世界大戦を経るに従って、手法もメッセージ内容も高度化し、特にヒトラーが率いるナチスではゲッベルス宣伝相をトップに、多様なメディアを用いた巧妙な展開が行われました。

同様に広告（advertising）は、20世紀初頭から姿を現した大衆社会の成立が生んだ大量生産、大量消費と共に急速に発展し、新聞、雑誌という印刷媒体からラジオ、テレビなど電波メディアの浸透と共に、生活の中に深く強く広がっていきました。

高度経済成長期と呼ばれる1960年代の日本で、日本人は高度な消費生活を享受するようになりました。GDP世界2位の経済繁栄がそれを支える構図となり、軌を一にして広報と広告は長足の発展を遂げたのです。テレビ、ラジオ、新聞、雑誌のいわゆる四大媒体は、広告媒体、広報媒体として人々の生活に大きな影響力を持つようになりました。

しかし、右肩上がりの経済的繁栄は長くは続かず、1970年代に入るとオイルショックを契機に企業の社会性が問われるようになり、日本経済団体連合会（経団連）は企業の社会性の保全と調和、そし

て情報発信を強化するため「一般財団法人 経済広報センター」を設立し、社会と経済界をつなぐ機能を持たせました。

　1980年代後半、のちにバブル経済と呼ばれた異様な消費経済の時代を迎え、これに浮かれた多くの企業が過剰な投資に走って莫大な債務を負うことになります。その後の日本経済は、「失われた20年」「デフレ経済」などと呼ばれる冬の時代を迎えることになり、都市銀行は半減し、M&Aが進行し、「企業の社会的責任」が再びクローズアップされることになりました。

　この時期からその「責任」は製造物責任や廃棄物にとどまらず、環境問題、資源の節約、さらにはCSRの台頭に伴うトリプルボトムライン[4]や国連グローバルコンパクト[5]など、企業広報の主題は社会との不協和音を調律し、新たなシンフォニーの時代へとそのトーンを変化させていきました。

　1990年代から2000年代にかけて、広報活動で社会との共生に必須とされた要素をキーワードとして列挙すると、「法令遵守（コンプライアンス）」「説明責任（アカウンタビリティー）」「持続可能性（サステナビリティー）」などがあります。情報通信もまた大きく進歩を遂げました。1995年頃から、わが国は「デジタル社会」へと変容し始めていましたが、その先陣を切ったのは「ウィンドウズ95」の爆発的な普及、携帯電話の利用者激増など、「情報」を一人ひとりが身にまとい、発信し、コントロールできる機器群の出現でした。

　携帯電話は「ケータイ」「スマホ」と化し、それはコミュニケーションツールから情報機器へと役割が進化したことを意味します。電話による会話よりも電子メールを使うことが日常化し、同様にPCも情報端末としての役割や機能が認識されていきました。企業や行政の仕事は筆記によるデスクワークからPCへのキーボード入力を

主とするものへと変貌し、企業や行政の情報提供活動もそれに応じた進化を余儀なくされています。

　たとえば、メールマガジンやネットニュースなど多様なメディアに流れる大量の情報をどのように利用すべきか、非常に大きな課題と言えるでしょう。そうした状況下、2005年からは広報媒体としてのブログに注目が集まり、さらにTwitterやFacebookなど、SNS（Social Networking Service）と呼ばれるパーソナルなメディア空間に向けての情報アプローチが活発化しています。今では、当たり前になった社内情報システム（イントラネット）やネット空間へのリリース提供なども、21世紀に入ってから本格化した広報活動です。

※4
　企業が持続的に発展するための評価を「経済」的な視点だけでなく、「環境」と「社会」の側面からも見ることで総合的に評価する考え方のこと。
※5
　1999年の世界経済フォーラムにおいて提言された指針。企業の営利活動に対し、人権・労働権・環境・腐敗防止に関する10原則を組み入れるように提唱されている。

2-4. 情報集約社会へ

　約半世紀にわたる「情報社会」の潮流を概観してきましたが、分節してみると四つの特徴ある期間に分けて考えることができます。
　1960年代から70年代に至る高度経済成長の時期は「マスメディア情報の時代」。80年代からウィンドウズが普及する95年頃までは、パソコン通信などでネットワークが認識され携帯電話が登場した「情報通信普及の時代」。そしてPCと携帯電話の普及に伴い高度な情報流通が行われるようになった2000年以降は「情報過剰社会」です。

　「情報過剰社会」では、買い物、銀行利用、チケット購入などはネットを介することが日常化し、電話で連絡するよりも電子メールでの受発信が急速に進展しました。携帯電話は情報端末へと変貌し、世界中、どこからでも情報発信することが可能な高度情報社会が現実のものとなり、世界は情報が過剰に溢れる社会へと変貌しました。人々は情報に振り回され、ネットでは不要不急な買い物に勤しみます。さらに子どもたちにも「ケータイ」が与えられ、登下校をネットで見守るなど、安心という名の監視環境も整いつつあります。

　そこへ登場してきたのがSNSの多様な個人情報サービスです。TwitterやFacebook、LINEによる個人間の通信量の飛躍的拡大、さらには多様なアプリがネットの世界に投入されゲームの普及と相まって、いわゆるIT産業は経済活動の主流に躍り出ました。ここに至って人々は、溢れる情報を自らコントロールすることの難しさや利用すべきサービスの選別が困難であることに気づき、どんな商品や情報でも「検索エンジン」でふるいにかけて入手する情報行動を

とるようになりました。四つ目の「情報集約社会」の始まりです。

　飲み会に仲間が集まれば、まずは駅前で割引やサービスを比較するために居酒屋ランキングを検索し、買い物に出れば、その日のチラシや他店情報の載ったスマホをかざしながら店頭で値引きを求める。そんな足も知恵も使うことのない不寛容な消費者たちが大量に育成されているのです。テーマごとにソーティングされた情報によって、旅行もホテルもレストランもいつの間にかランク付けされて、当事者が知らぬうちに評価が上下する。ネット上の心ない書き込みで顧客を失った店もあるでしょう。これらの現象すべてが「情報集約社会」の大きな特徴です。情報集約社会の消費者の特徴は次のようにスケッチすることができます。

① 消費行動の前に必ずネットで商品や価格の比較を行う。
② 多様なランキングを常に意識し、自らの尺度で優先順位を付ける性向を持つ。
③ 消費に付随するサービスやポイントに敏感で、貯蓄と同様の感覚で利用する。

　これらの傾向は性別や年代を問わず、どちらかと言えば女性に顕著ですが、さほど有意な差があるとも思われません。この潮流には多くの企業も反応を示し、企業側の視点でソーティングをしたり、自社商品の詳細なジャンル分けなどを行ったりするサイトも増加しています。つまり、情報社会はデジタル化によって「過剰」になり、そして「集約」へと新たなステージに移行していると言えるのです。

2-5. 第2章のまとめ

　デジタル社会が出現したことで、広報コミュニケーションは大きな変革の時代を迎えました。本章のまとめとして、その大きな変化を再度考察しておきましょう。ここでは、「情報量とメディアの変化」「コミュニケーション領域の融合」「情報リスクの拡大」という三つの大きな潮流を考察することにします。

・情報量とメディアの変化

　1995年からのインターネットによるネットワーク型社会の進展、2005年からのブロードバンド、SNS時代へと、人々は情報発信し、それをフィードバックしたりツイートしたりと、情報の拡散による増大は幾何級数的に膨張し続けています。「流通情報量の急増」を示す指標は多様なものがありますが、『情報通信白書』(総務省 2014)を手掛かりに、「ニュースを知る場合に最も頻繁に利用するメディアの推移」を見ると、2000年には1.7％に過ぎなかったインターネットは2012年には29.6％となっており、テレビや新聞が減少した分を超える普及状況を知ることができます。

　今や個人の情報受発信の主役に躍り出たのが「ケータイ」「スマホ」です。1995年当時の契約数はわずか300万台でしたが、2015年には1億5541万台と人口をはるかに上回るまでに激増しています。これにIP電話の加入数や固定系ブロードバンドを入れると2億の大台に近づくでしょう。こうしたデータからも今の私たちの仕事や暮らしがいかに「情報漬け」になっているかを十分に知ることができる

ように思います。ネットニュースを見て面白い情報はリツイートし、チャットやメールをチェックしてFacebookにアップして仲間とシェアする……、こうした情報の利用形態はすでに普通の生活に浸透しています。

　このような情報生活を営む人々に新しい商品情報や企業メッセージを届け、同時にそうした人々の声に耳を傾けるのが広報コミュニケーション担当者の仕事というわけです。情報洪水の中で生活者が求める情報とはなにか。そこにまとめサイトやキュレーションメディアの存在理由があります。「生活者とメディアの変化を考察し、最適な設計をする」こと、それが、これからの広報担当者の課題であり、役割と言えるでしょう。

・コミュニケーション領域の融合

　1990年代までの企業広報では、その隣接領域である広告・宣伝、マーケティング、IR（インベスター・リレーションズ）、商品開発情報などとは役割分担と境界が明確でした。規模や業種にもよりますが、それぞれの部門や担当者が情報の受発信を担う例が多かったのです。また、行政広報においても、主たる業務は広報誌による情報発信や首長を囲む広聴活動や苦情処理などの運営が主流で、いわゆる事業広報は所管部門に任されていました。

　しかし、2000年代に入ると、企業も行政もWebサイトを主体とするインターネット広報やソーシャルメディアの利用などを行うようになり、それらが主流になりつつあります。メディアミックスの考え方自体は従前の四大媒体時代からありましたが、21世紀に入ってからのメディアミックスはそれらとは様相を異にするものです。コ

ンテンツプロバイダーと呼ばれる情報サービス、多様なソーシャルメディアからキュレーションメディアまで、今や情報流通の構造設計が求められる時代となっています。

　こうした情報流通の仕組みの変化によって、広報部門と隣接領域との「垣根の低さ」の実現、すなわち融合や連携は不可避であり、この状況は今後も続くものと思われます。

・情報リスクの拡大

　「流通情報量の急増」は、情報のスピードアップと表裏一体の関係にあります。人々や企業の情報通信を支えるインターネット環境の改善やLTEの利用も進展し、瞬時の情報交流を可能にしています。この情報高速化によって、広報はタイムリーさ、場合によっては瞬時の対応を求められる事態にもなりました。特に、社員の不祥事や製品・サービスのトラブルなどで苦情や問い合わせが殺到すると、いわゆる「炎上」すら起こりかねないのが現代社会です。加えて社員の内部告発や情報流出によって起こる事件や事故も少なくありません。2015年の東芝の不正会計をはじめ、複数の燃費偽装や談合事件なども社員や関係者からの情報提供が発端とされています。

　「情報リスク」には二つの側面があると考えられます。一つはハードウェアとシステムの問題でハッカーなど外部からの攻撃や不正アクセスによるリスク、もう一つは内部告発や消費者によるクレームなどのリスクです。広報部門が対応しなければならないのは後者の領域ですが、こうした広報におけるリスクマネジメントは、予防措置やシミュレーションなどによる日頃からの対策が必要なことは言うまでもありません。

以上、広報コミュニケーションを取り巻く社会変化や課題を認識してもらうために、近年の潮流から「情報量とメディアの変化」「コミュニケーション領域の融合」「情報リスクの拡大」の三点を考察しました。もちろん、この他にも多くの変化や課題が存在します。本章の冒頭で触れたように、情報科学の進歩は従来の我々の予想を超えて、今や人工知能による市場分析、社会変化予測なども視野に入りつつあるのが現状です。

　そうした変化のスピードはこれまでにも増して加速することでしょう。その先には新しい時代の情報倫理や社会的役割の地平が見えてくるはずです。そして、どんな時代変化があろうとも、絶えず位相を変えながら企業や社会を支えていくもの、それが広報コミュニケーションなのです。

＜了＞

第 3 章

コーポレート・
コミュニケーション

執筆：東洋大学経営学部 教授
　　　井上邦夫

3-1. コーポレート・コミュニケーションとはなにか？

　コーポレート・コミュニケーションとは、企業が自社を取り巻く様々なステークホルダー（利害関係者）との間に好ましい関係性を構築し、これを維持・発展させるためのコミュニケーション活動の総称です。※1 ここ数年、SNSなどデジタルチャネルの爆発的な拡大を背景に、企業とステークホルダーとの関係性に大きな変化が生じています。ステークホルダー・エンパワーメントと呼ばれる新しい動きに伴う変化です。エンパワーメントとは「権限を持たせること」という意味です。つまり、ステークホルダーが権限を持ち、これまで以上に企業に対して影響力を行使できる状況になったということです。

　消費者や投資家、従業員といったステークホルダーは、従来、企業から発信されるメッセージに対しては、どちらかというと受動的な立場に甘んじていました。ところが、今や、ステークホルダーはデジタルチャネルを通じて、能動的に「口答え」することができるようになりました。さらに、企業にとって怖いのは、ステークホルダーが互いにコミュニケーションして、意見を交わし、正確かどうかはわからない独自の方法によって、企業情報を解釈しているかもしれないことです（Argenti & Barnes 2009）。

　こうしたデジタル時代においては、企業は自社のコミュニケーション能力を一段と高める努力をしなければなりません。ただ漫然と一方的な情報発信に終始するのではなく、企業が自らステークホルダーを巻き込み、彼らと適切に対話を行うことのできる、優れた双方向型のコミュニケーション能力を養うことが、企業の活動のみなら

ず全社的な価値創造にも大きな影響を及ぼすことになるのです。

　本章では、企業が展開するコミュニケーションの基本的な考え方、全体像について論じます。コーポレート・コミュニケーションの役割と目的について考察し、企業のレピュテーション（評判）、アイデンティティー、ブランドといった、関連する重要な概念について解説します。そのうえで、コーポレート・コミュニケーションを効果的に展開するための組織づくりについて考察します。

第3章のポイント

- [ ] コミュニケーションのマネジメント
- [ ] ステークホルダーのマネジメント
- [ ] 企業のアイデンティティーとレピュテーション
- [ ] レピュテーションとブランド
- [ ] コーポレート・コミュニケーションの組織

※1　コーポレート・コミュニケーションのルーツはパブリック・リレーションズにあり、一般的に二つの概念はほぼ同義と捉えられている。ただし近年、アメリカ系企業を中心に部署名や役職名にはパブリック・リレーションズよりもコーポレート・コミュニケーションという用語が使われる傾向にある。日本語の訳語としてはどちらも「広報」となる。

3-2. コミュニケーションのマネジメント

　コミュニケーションとは、人間が互いに意思・感情・思考を伝達し合うことです。我々は、これを言語及び非言語によるメッセージのやりとりによって行い、そこに共通の意味を形成しようとします。つまりコミュニケーションとは、互いのメッセージに共通の意味を見いだす共同作業のプロセスと言えるでしょう。我々はコミュニケーションなしに生きていくことはできず、コミュニケーションの中で絶えず意味をつくり上げています。言い換えれば、「意味付け」の可能性があれば、我々の存在自体がコミュニケーション行為となるのです（八代他 2009）。

　企業のコミュニケーションも同様です。企業が発信するメッセージは、受け手であるステークホルダーによって意味付けが行われます。メッセージは言語の内容だけではありません。たとえば、テレビで報じられた記者会見での社長の表情や言葉遣い、営業店での従業員の態度、あるいは店頭に並ぶ製品のデザインや色といった、視覚や聴覚に訴える非言語メッセージも含まれます。すべての企業活動にはなんらかの言語または非言語のメッセージが伴い、コミュニケーションが生じます。コミュニケーションが生じれば、ステークホルダーによるなんらかの意味付けが行われるのです。企業はこうしたコミュニケーションの特性を十分に理解し、コミュニケーションの統合的なマネジメントに努めなければなりません。

　現状では多くの企業において、広報、人事、総務、財務、営業、マーケティングといった各部門が、それぞれ関係するステークホルダ

ーとのリレーションシップづくりのためのコミュニケーションを行っています。たとえば、マスコミ対応は広報部、従業員への教育・広報は人事部、株主への説明は財務部、製品のプロモーションはマーケティング部が取り仕切る、といった具合です。ところが、現実のステークホルダーは多様な顔を持っています。たとえば、企業取材を行う新聞記者は一方で消費者であり、株主の場合もあります。同様に従業員も、ある時は消費者、ある時はコミュニティーの一員として企業と関わります。企業の各部門がバラバラにコミュニケーションを行っていると、メッセージに一貫性がなくなり、矛盾が生じる恐れがあります。するとステークホルダーはメッセージに肯定的な意味付けができなくなり、企業に対して不信感を抱くようになるかもしれません。

　デジタル時代においては、こうした矛盾するメッセージを不用意に発信すると、時に企業は大きなダメージを被ることになります。矛盾するメッセージに疑問を感じたある消費者がSNSでつぶやいたネガティブな一言が、デジタル空間で尾ひれがついて一気に広がり、企業にとって深刻な風評被害につながる事態に発展するようなことは、今や決して珍しくないからです。
　このような事態を防ぐためにも、企業はコミュニケーションのマネジメントに努め、メッセージに一貫性を持たせる必要があります。コミュニケーションを経営戦略の一環として捉え、有機的かつ統合的にまとめていく必要があるのです。これがコーポレート・コミュニケーションの機能と言えるでしょう。

3-3. コーポレート・コミュニケーションの役割と目的

　コーポレート・コミュニケーションはどのように定義したらよいでしょうか。様々な定義がありますが、経営におけるコミュニケーションの役割と目的を明確に示したものとしては、コーネリセンの定義（Cornelissen 2014）が知られています。

　これによると、コーポレート・コミュニケーションとは、「すべての対内外コミュニケーション活動を効果的に調整するための枠組みを提供する経営機能であり、その目的は、組織が頼みとするステークホルダー・グループとの間に好ましいレピュテーションを確立し維持することにある」とされています。

　この定義の特徴は、コミュニケーションを、ステークホルダーマネジメント、つまりステークホルダーを管理するための経営機能と明確に位置付けていることが一点。さらにその目的を、レピュテーションの構築と向上に置いているところにあります。

　企業にとって、自社を取り巻くステークホルダーと良い関係を築くことが、なにより重要であることは言うまでもありません。良い関係を築ければビジネスもうまくいきます。ステークホルダーとは、もとを正せば皆、血の通った人間です。したがって、彼らと良い関係を築くためには、対話やコミュニケーションが不可欠です。ステークホルダーマネジメントは、コミュニケーションなしに行うことはできないのです。

　こうした役割を担うコーポレート・コミュニケーションの目的はなんでしょうか。それは、レピュテーションの構築と向上です。レピュ

テーションとは企業の評判や名声などを意味する概念です。後述しますが、レピュテーションは企業のコミュニケーション活動において非常に重要な意味を持ちます。ステークホルダーとのコミュニケーションを通じて彼らと良い関係づくりを目指すのも、このレピュテーションを構築するためなのです。つまり、すべてのステークホルダーに「良い会社だ」と思ってもらえるような、揺るぎのない確固たる評判を築くことです。これこそが、コーポレート・コミュニケーションの究極の目的と言えるでしょう。

それでは、ステークホルダーマネジメントとレピュテーションについて、もう少し詳しく見ていきましょう。

3-4. ステークホルダーマネジメント

　ステークホルダーの定義については、フリーマンがその代表的著書『Strategic Management: A Stakeholder Approach』の中で定義付けを行い、これが経営の分野で定着しています（Freeman 1984）。これによると、ステークホルダーとは「組織の使命・目標の達成に影響を与えることができるか、あるいはそこから影響を受けるグループや個人」とされています。[※2]

　この定義の特徴は、企業とステークホルダーが相互に影響し合う関係にある、と捉えたところにあります。企業からの視点だけでなく、ステークホルダーからの視点も重視する考え方であり、これをフリ

※2　ステークホルダーとほぼ同義の用語としては、「コンスティチュエンシー」や「パブリック」などがある。

ーマンは「ステークホルダー・アプローチ」として提唱しました。このアプローチでは、経営戦略は様々なステークホルダーとの関係で策定・実行されます。

　企業はすべてのステークホルダーと依存関係にあるため、特定のステークホルダー（たとえば顧客や投資家）だけに目を向けた経営を行うべきではありません。各ステークホルダーは企業を取り囲む形で、あたかも「鎖」のように相互につながっていると考えるべきです。したがって、経営戦略を策定・評価するうえでは、幅広い様々なステークホルダーを考慮する必要があります。企業はともすると、市場重視・利益至上主義の経営に偏りがちです。しかし近年は、企業にも市民社会の論理が求められ、非市場環境との関係づくりの重要性が増しています。企業はもはや顧客や投資家といった特定のステークホルダーだけに目を向けた経営を続けることはできません。

　従業員の士気を高める努力を重ねる一方、良き企業市民として順法精神を尊び社会的責任を追求するほか、透明性のある経営を実践して説明責任を果たすなど、すべてのステークホルダーを対象とした働きかけを行う必要があります。そのためにはステークホルダーとのコミュニケーションが不可欠となるのです。

3-5. レピュテーションとは

　レピュテーションとは企業の評判を意味する概念です。もちろん目に見えるものではなく、ステークホルダーの意識の中に存在するものです。一般的には、「イメージ」のようなものと考えられていますが、コミュニケーションの観点からは、レピュテーションと区別して捉える必要があります。イメージは変わりやすく、必ずしも企業の実態を正しく反映していないこともあります。イメージは、企業に関する個人的な経験や情報、たとえば営業店での社員とのやりとり、テレビや新聞の報道、うわさなどによって、瞬間的に形成される「印象」（impressions）を反映したものと言われます（Cornelissen 2004）。したがって、たとえ一般的には評価の高い企業であっても、ある人がなんらかの理由で不快な印象を抱けば、その人にとっては「感じの悪い」企業となってしまいます。つまり、イメージが悪くなってしまうのです。

　一方、レピュテーションは、イメージよりも時間をかけて形成される「認知」（perceptions）を反映したものと言われます。すべてのステークホルダーの間に形成される「認知の集積」（cumulative perceptions）です（フォンブラン＆ファン・リール 2004）。『広辞苑』によると、認知とは「感性に頼らずに推理・思考などに基づいて事象の高次の性質を知る過程」と定義されています。単なる印象ではなく、思考を重ねたうえで形成される知覚です。つまり、企業の正しい姿、本質をよく知っているということです。したがって、いったん根付いたレピュテーションは変わりにくいという強みがあります。
　企業が関心を払うべきものは、このレピュテーションであり、イメ

ージではありません。この点を理解せずに、各ステークホルダーが抱く瞬間的なイメージに引っ張られて、時には投資家向け、時には消費者向け、時には従業員向けと、それぞれにいい顔をするようなコミュニケーション対応をとると、メッセージに矛盾が生じて信頼を失い、いつになっても良いレピュテーションを構築することができません。

3-6. レピュテーションの効果

なぜレピュテーションの向上を目指すべきなのでしょうか。それは、レピュテーションが企業に様々な良い効果をもたらすからです。レピュテーションが高まると、①優秀な人材を獲得しやすくなる、②消費者が商品やサービスを進んで購入するようになる、③資金調達が容易になる――といった好ましい効果が出てきます（Vergin & Qoronfleh 1998）。メディア報道についても、レピュテーションの高い企業の扱いは、大きくかつ好意的になると言われています（Fombrun & van Riel 2004）。

レピュテーションのもたらす効果で最も重要な点は、企業の価値が上がることです。レピュテーションが高まれば、株価が上昇するだけでなく収益力も向上します。レピュテーションと企業価値との間には明らかな相関関係が存在するのです（Vergin & Qoronfleh 1998、Roberts & Dowling 2002）。

さらに、良いレピュテーションは、企業を風評被害から守る役割も果たします。デジタル時代においては、前述のように、SNSなどの拡大によって、多くの企業が風評リスクにさらされるようになっています。風評への対応を誤ると、長年にわたって築き上げてきた評

判や信頼、ブランドが毀損され、経営に大きなダメージが及ぶ恐れがあります。レピュテーションは、このような事態に直面した時に役立ちます。

たとえば、なんらかの事件や事故のあとで、根拠のないうわさや憶測が流れたとしても、日頃から評判の良い、レピュテーションの高い企業であれば、人々は「そんなはずはない」と風評を懐疑的に受け止めてくれる可能性があり、被害に遭わずに済むかもしれません。しかし、日頃から評判の悪い、レピュテーションの低い企業の場合には、人々は「やはりそうか」と風評を信じてしまい、被害に見舞われるリスクが高まります。良好なレピュテーションは、風評被害に対する強力なバッファーとなりうるのです。

3-7. アイデンティティーの重要性

どうすれば高いレピュテーションを築くことができるでしょうか。先ほど、レピュテーションは、ステークホルダーの間に形成される「認知の集積」であると述べました。ステークホルダーの認知を得るためには、企業は自社の良いところも悪いところも、ありのままの姿を正確に伝える努力をしなければなりません。いくら良い行いをしても、これを伝える努力をしなければ、ステークホルダーに知ってもらうことはできません。

逆に、悪いことは隠して都合のいいことだけを伝えようとしても、正しい認知は得られず、むしろステークホルダーの信頼を失うだけです。ステークホルダーとの信頼関係を築き、正しい認知を得るためには、彼らとの双方向のコミュニケーションが不可欠であり、その

要となるのが企業のアイデンティティーです。

　アイデンティティーとは、企業の個性や独自性を意味する概念です。レピュテーションは企業の内から始まるといわれます。すなわち、レピュテーションはまず、自社のアイデンティティーを確立するところから始まるのです。なぜならば、ステークホルダーと効果的なコミュニケーションを図り、良好なレピュテーションを構築するには、ステークホルダーに対して一貫したメッセージを送る必要があり、そのためにはメッセージの基礎となる強固なアイデンティティーが必要となるからです。

　企業のアイデンティティーは（図表3－①）に示された三つのカテゴリーに分類された基本要素から構成されます。すべての要素がお互い矛盾のない一貫したつながりとなるように、関連するすべての分野において現状の組織や活動を見直し、必要に応じて修正を加えます。そのうえで、これらを動かしていく原動力としてのコミュニケーション戦略を展開するのです。

<u>アイデンティティーの基本要素</u>　　　　　　　　　　（図表3－①）

理念・ビジョン	ミッションやビジョンなどの経営理念、それを具現化する戦略など
企業文化	組織の構成員の間で共有される価値観や信念、行動様式など
シンボリズム	名前、ロゴ、色、スローガンなど

出典：著者作成

強固なレピュテーションは、企業自身がアイデンティティーを確立し、ステークホルダーがこれを正しく認知することによって築かれます。まず明確な理念・ビジョンを構築し、これを社員一人ひとりが実践することで社内に深く浸透させ、そこから社外に向けて溢れ出させるようにメッセージとして発信していくことが鍵となります。アイデンティティーを継続的に見直しながらマネジメントしていくことで、すべてのステークホルダーのイメージが収斂して、共通する認知の集積となり、レピュテーションが形成されていくのです。

3-8. レピュテーションとブランド

　レピュテーションとよく似た概念に「企業ブランド」があります。どちらも企業にとって差別化と競争優位性をもたらす重要な無形資産です。しかし、概念として区別するのはなかなか難しいかもしれません。たとえば「評判の良い企業」と「ブランド力のある企業」の違いはなにかと問われても、明快な答えが出てこない人も多いでしょう。

　では、どのように区別すればよいでしょうか。まずステークホルダーの観点から見てみましょう。レピュテーションも企業ブランドも、ステークホルダーの意識の中に存在するものですが、二つの概念は、これを意識するステークホルダーによって違いがあると考えられます。
　たとえば、企業ブランドは顧客や従業員などのステークホルダーにとっては重要な意味を持ち、強く意識されているでしょう。しかし、報道機関や監督官庁などのステークホルダーにとっては、企業ブランドはあまり意味を持たないかもしれません。むしろ社会的な評価や評判、すなわちレピュテーションのほうがより大きな意味を持ち、

意識されているに違いありません。このように、それぞれ訴求するステークホルダーの種類と範囲に違いがあると考えられます。

　一部の研究者によると、ステークホルダーは一次と二次に分類することができます（Argenti 2003、Clarkson 1995、Cornelissen 2004）。一次ステークホルダー（Primary Stakeholder）は、顧客、従業員、株主、取引先といった、企業にとって最も優先度の高いグループを指します。企業となんらかの経済的あるいは契約上の利害関係を有するステークホルダーであり、企業が継続事業体として存続するために不可欠な利害関係者です。

　一方、二次ステークホルダー（Secondary Stakeholder）は、政府や報道機関、NPOあるいはNGO法人といった、企業にとって重要ではあるが、一次ステークホルダーほど優先度の高くない、その他すべての利害関係者を指します。一次ステークホルダーのような経済的あるいは契約上の利害関係は有しておらず、継続事業体としての企業の存続にも直接的な影響を及ぼさないステークホルダーです。

　こうした二分類に基づくならば、企業ブランドは主に一次ステークホルダーに訴求する概念と考えられます。なぜならば、ブランドはなんらかの経済的な付加価値、つまりブランド・エクイティを包含する概念だからです。一方、レピュテーションは一次と二次の両方のステークホルダーを含む、文字どおりすべての利害関係者に訴求する、より広範な概念と考えられます。なぜならば、レピュテーションは経済的な価値だけでなく、社会的な評判や名声も包含する概念だからです。
　つまり、企業ブランドは、レピュテーションの中に含まれる部分集合と考えられるわけです（図表3－②）。したがって、一次ステー

クホルダーとの関係に限ってみれば、レピュテーションも企業ブランドも概念としての違いはほとんどない、表裏一体の関係にあると言えるでしょう。強固なレピュテーションは強固な企業ブランドがなければ築くことはできず、逆もまたしかりです。

企業ブランドとレピュテーション　　　　　　　　　　　　　（図表3－②）

～訴求するステークホルダーとの関係性～

一次ステークホルダー (Primary Stakeholder)	二次ステークホルダー (Secondary Stakeholder)
・顧客 ・従業員 ・株主 ・取引先	・報道機関 ・政府 ・NPO・NGO法人 ・地域コミュニティ

ブランドの形成

レピュテーションの形成

出典：著者作成

　以上の考察に基づけば、レピュテーションの構築には、マーケティング領域のブランディングを行うだけでは不十分だということがわかります。なぜならば、ブランディングは主に顧客、従業員、株主といった一次ステークホルダーを対象としているからです。これではレピュテーションは築けません。一次ステークホルダーだけでなく二次ステークホルダーも含む、すべてのステークホルダーを対象とするコミュニケーションを展開することによってのみ、レピュテーションの構築が可能となるのです。

　コーポレート・コミュニケーションの目的はレピュテーションの

構築です。したがって、企業はすべてのステークホルダーに訴求するコミュニケーション活動を展開しなければなりません。双方向性を持った誠実かつ地道なコミュニケーションを続けることによって、一次ステークホルダーとの間に企業ブランドが形成され、同時に、彼らを含むその他すべてのステークホルダーとの間にレピュテーションが形成されるのです。

3-9. コーポレート・コミュニケーションの組織

　これまで、企業のコミュニケーション活動に一貫性を持たせることの重要性を繰り返し述べました。そこで問題となるのが、各部門のコミュニケーションをどのように調整するかということです。企業には様々な経営機能があり、それぞれに関連するコミュニケーション活動があります。こうしたコミュニケーション活動がどの部門によって行われているかは、企業によってまちまちです。

　たとえば、社内広報が人事部で扱われることもあれば、広報部で扱われることもあります。またIRの機能が財務部に組み込まれていることもあれば、広報部にIR担当者が配置されていることもあります。企業におけるコミュニケーション活動は複数の部署にまたがり、相互に絡み合っている場合が多いものです。こうした様々なコミュニケーション活動を調整するにはどうすればよいでしょうか。

　いくつかの方法が考えられます。たとえば、①各部門の担当者を集めて会議を開く、②各部門の担当者から成るプロジェクトチームを組成する――といった方法などが考えられるでしょう。しかし、より効率的かつ効果的なコミュニケーション活動を展開するために

は、組織として持続的なメカニズムを構築する必要があります。これを組織的に可能にする一つのオプションとして、コーネリセンはマトリックス組織の概念を取り入れることを提案しています（Cornelissen 2004）。アージェンティ&バーンズもまた、企業の常に変化するニーズに応えるための、順応性を持った組織モデルとして、コミュニケーションのマトリックス組織を提案しています（Argenti & Barnes 2009）。

　マトリックス組織とは、タテ割りの職能性組織（たとえば、マーケティング、人事、財務など）と交差させる形で、ヨコ割りの情報伝達のコミュニケーション・チャネルを通す組織づくりのことです（図表

<u>コミュニケーションのマトリックス組織</u>　　　　　　　　　　（図表3－③）

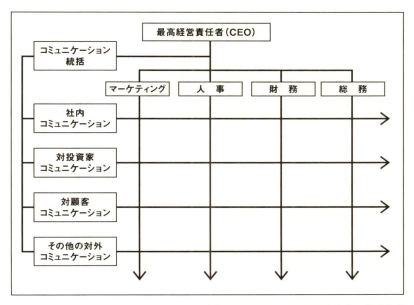

出典：Cornelissen(2004)をもとに著者作成

3-③)。各部門で必要とされるコミュニケーション活動のサポートを、コーポレート・コミュニケーション部門が統括的に行うことを可能にする組織モデルです。

具体的には、主要ステークホルダー・グループを基準にして、たとえば社内コミュニケーション、対投資家コミュニケーション、対顧客コミュニケーション、その他の対外コミュニケーションと、三〜四つの分野に分けてマトリックス組織を構築することができるでしょう。ある企業では、広報部が社内の各部署に一人ずつ広報担当者を委嘱し、彼らと広報部が緊密な横の連絡を取れる体制を整えて、広報の一元化を実践しています。これなどもマトリックス組織の一例と言えるでしょう。

こうした事例はまだ少ないですが、より多くの企業にマトリックス組織の手法が導入されることが期待されます。ただ、どのような組織モデルが適切かは企業によって異なります。いずれにせよ、コミュニケーション活動に一貫性を持たせるためには、なんらかの形でヨコ割りのコミュニケーション・チャネルをつくる必要があります。

3-10. 第3章のまとめ

本章では、コーポレート・コミュニケーションの役割と目的、関連する重要概念であるレピュテーション、アイデンティティー、ブランドなどについて解説し、コーポレート・コミュニケーションの組織づくりについて考察しました。最後に、本章のキーワードをまとめておきましょう。

・コーポレート・コミュニケーション
　企業が自社を取り巻く様々なステークホルダーとの間に好ましい関係性を構築し、これを維持・発展させるためのコミュニケーション活動の総称。

・レピュテーション
　企業の評判や名声などを意味する概念。すべてのステークホルダーのイメージが収斂(れん)して形成される「認知の集積」(cumulative perceptions)。

・アイデンティティー
　企業の個性や独自性を意味する概念。レピュテーション形成のもととなるもの。

・コミュニケーションのマトリックス組織
　企業におけるタテ割りの職能性組織と交差させる形で、ヨコ割りの情報伝達のコミュニケーション・チャネルを通す組織づくりのこと。

＜了＞

第 4 章

広報戦略の立案

執筆：社会情報大学院大学 教授
小早川護

4-1. 広報の目的と活動の多様性

　広報戦略を考えるに当たり、戦略には明確な目的が必要です。そもそも広報とはどのような目的を持った機能なのかを改めて理解しておきましょう。

　まず、日本の学者としては加固三郎による『PR戦略入門』が幅広く引用されています。この書では、目的と活動プロセスの両面に触れ、「PRとは、公衆の理解と支持をうるために、企業または組織体が、自己の目指す方向と誠意を、あらゆる表現手段を通じて伝え、説得し、また、同時に自己匡正をはかる、継続的な対話関係である」(加固三郎　1969)としています。早い時期から、対話と自己匡正を挙げていることが特徴的です。

　一方、アメリカのPRSA（アメリカPR協会）によれば、広報・PR活動について、社会全体への機能にも付言しつつ、その効果・目的を「PRは、各種団体機関の相互理解に貢献することによって、多元的社会が意思決定を行い、より効果的に機能する事に貢献するものである。これはまた、官民間の政策調整にも貢献する。またPRは我々社会の様々な団体、組織の奉仕するものである。これらの団体は組織がそれぞれ目的を達成するためには、それぞれ違った『パブリック』すなわち社会全体と効果的な関係を育てていかなければならない」としています。

　これをもう少し企業の活動に寄せ、広報・PRの究極の目的を簡潔にまとめたものが、カトリップによる以下の定義です。

　「パブリック・リレーションズとは、組織体とその存続を左右するパブリックとの間に、相互に利益をもたらす関係性を構築し、維持

をするマネジメント機能である」(スコット・M・カトリップ他 2008)。
　様々な経営組織はステークホルダーとの間での関係性を開発・維持・発展させつつ、有益な価値を生み出し提供します。その活動を展開するうえで、上記のカトリップにより定義される関係性を重視した広報の機能が必要となるわけです。

　さらに、第3章に引用されているコーネリセンによれば、コーポレート・コミュニケーション(本書では広報・PRとほぼ同義としている)の役割として「すべての対内外コミュニケーション活動を効果的に調整するための枠組みを提供する経営機能であり、その目的は、組織が頼みとするステークホルダー・グループとの好ましいレピュテーションを確立し維持することにある」としており、目的の中核に、関係性を積極的に担保するものとしてレピュテーションの確立を置いています。

　レピュテーションの効果・重要性については第3章でも触れられていますが、(図表4－①)に示すように、組織のレピュテーションが確立された結果として、幅広い質の高い経営資源、具体的には、資本、従業員、パートナー、さらには顧客の獲得がスムーズになります。そのことにより、より卓越した経営展開・戦略展開の基盤が形成され、組織の安定した成長の可能性が高まり、結果、より良い経営成果につながります。
　そうした各々のステップが「レピュテーション」の確立に貢献し、さらに一段高い「レピュテーション」の確立へとスパイラルアップするわけです。すでに説明したような「レピュテーション」の存在は、平時の経営の効果的・効率的展開においてだけでなく、リスクマネジメント上の事前・事後の双方向コミュニケーションにも良好な効果をもたらし、さらには事象の拡散を抑制する効果を発揮することも期待されます。

広報活動の目的　　　　　　　　　　　　　　　　　　　　（図表4－①）

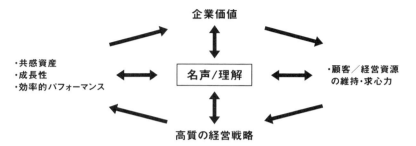

出典：著者作成

　第4章では、そうした広報・PRの目的に向けての戦略計画策定のプロセスとスコープについて、戦略策定の基本的フレーム、広報戦略の全体像、プロジェクト戦略、広報・PR活動の戦略性強化、といった項目に触れながら説明していきます。

　こうした、目的に向けての広報・PR戦略活動には、情報の受発信という狭義のコミュニケーション活動もありますが、ステークホルダーとの直接的対話や、会社としてあるいは個人社員による様々な行動、さらには対話に基づく考え方・行動の変革も視野に入れておく必要があります。

※1
　Information and Communication Technologyの略。情報技術（＝IT）にコミュニケーションの要素を追加した言葉。

第4章のポイント

☐ 広報戦略策定に当たってはミッション達成に向けて、経営戦略と一貫性を保ち、関係者との良好な関係構築という究極の目的を明確にして進めることが基本。

☐ 目的設定に当たり、直面する課題だけでなく、将来のあるべき関係性構築を視野に置き、それとの将来的ギャップを予見し、そのギャップ解消も広報戦略課題とし、対応を図る。

☐ 広報戦略のスコープとして、個々の事象対応プロジェクト戦略だけを注視することなく、並行して組織の広報力基盤強化の方策を含めることを意識しなければならない。

☐ 具体的な課題解決に向けてのプロジェクト戦略策定に際し、広報プログラムの実施だけに焦点をあてるのではなく、状況分析、目的設定・プログラム策定、実施、評価という基本プロセスを踏むことが重要である。

☐ プロジェクトの実践・評価にあたっては、評価目的の階層を理解して進めなければならない。その際、近年のICT[※1]の進化に従い、プロジェクトの究極的目的に近い形で実践・評価を行う可能性が高まっていることを明確に認識・対応する必要がある。

☐ 組織において広報の重要性が高まる中、全体として広報のさらなる戦略性強化に向けて、戦略の一貫性、環境適応性、有効性の向上への配慮を深めることが求められる。

☐ そして、特に近年のICT及び関連情報社会環境の変化を受け、ステークホルダー構造変化への対応、受動的問題対応から能動的対話重視、リスクマネジメントへの配慮が、広報戦略課題として重要性を高める。

4-2. 戦略策定の基本的フレームと広報戦略の全体像

戦略策定の基本的フレーム

　広報の機能としては、組織を取り巻く内外環境を把握・分析し、経営戦略策定自体を支援する役割もありますが、広報戦略は基本的に経営戦略に従うものであり、組織全体の経営戦略体系に大きく影響を受けます。ここで、戦略策定の基本的フレームを押さえ、広報戦略との関係を見ておきましょう。

・経営戦略策定の一般的な流れ
①組織体の存在次元の宣言の確認（経営理念、ミッション）
　　　　・どのような役割を社会に果たすのか？
　　　　・そのために具体的にどのような事業を展開するのか？
②ビジョンと中長期計画の確認
　　　　・いつまでに、どのような姿になろうとするか？売り上げ（事業サイズ）、利益（収支）、事業展開範囲、事業展開の構造（事業分野の比率、新規事業比率、事業展開地域の比率）、従業員構成、投資家構成、その他経営として大切に考えるもの（ブランドイメージ、各種ランキングなど）
③組織体の外部経営環境の評価と展望
　　　　・マクロ経営環境・ミクロ経営環境（機会／脅威）
④組織体の現状の確認
　　　　・経営実態、強み／弱み など
⑤ビジョン・計画達成に向けての課題の抽出
　　　　・予想される戦略計画ギャップを検討する

⑥対応戦略の策定
　・戦略計画ギャップを解消して行くための戦略策定

　現状の経営の流れと、今後の経営環境の流れで行った場合、果たしてどのような姿になり、ビジョン・計画との間でどのようなギャップが生じるのか？これを戦略の目標を決めるギャップ、「戦略計画ギャップ」と呼びます。広報戦略に当てはめると、様々なステークホルダーとの間で理解・共有してきた、あるいは新たに理解を進めて共有を図ろうとするビジョンや計画と、予想される未来の間で、どのようなギャップが予想されるのかを考えることが必要です。

　上記＜経営戦略策定の一般的な流れ＞は組織全体としての経営戦略について示したものですが、同様のサイクルが個々の事業戦略、経営支援組織戦略、そして広報戦略についても求められます。なお、これらの流れは、全社的なビジョンから事業部門、経営支援部門へと、言わば上から下への一方向で策定が進むものではありません。上から下への流れを何度か繰り返しつつ、事業ごと、業務ごとの計画を検討しつつ、全社に戻ったりもします。
　その過程で、一般には与件として捉えられる②のビジョンや、すでに進んでいる中長期計画について、極端なケースでは①のミッションまでも、組織内外の環境変化から見直しを加える場合もあります。広報戦略は、主に広報部門が中心となってその部門の戦略として策定されることが多いものですが、視座としては上記の全社的視野を踏まえ、さらには全社経営戦略への影響をも想定しつつ、組織全体としての「広報機能」をどのようにつくり、また運営するかという視点で策定されなければなりません。

広報戦略の全体像

　広報の具体的戦略として検討し、推進する領域は、組織全体の戦略との関係から言えば、一般には上記⑤の「ビジョン・計画達成に向けての課題抽出」を受けての活動が主な対象となります。戦略の内容については＜広報戦略の内容＞として下に詳述しますが、大きくは下記1.〜3.で挙げる、より良い関係性の構築と維持に向けての活動、すなわち広報分野における事業活動とも言うべきコミュニケーション活動と、4.で挙げるような活動、すなわち効果的・効率的に広報の目的を果たすための人的・組織的・制度的基盤をつくり上げていく活動とがあります。

　1.〜3.は広報部門としての事業戦略、4.は経営支援戦略あるいは組織・人事戦略と呼べるでしょう。デジタル環境へと急速に変化する昨今、コミュニケーションの双方向性、社会のネットワーク化対応、活動の迅速性、格段の情報分析能力拡大が求められます。こうした中では、1.〜3.の視点はもちろんのこと、4.の視点からの変革、いわば組織として広報力・危機管理能力拡充に向けての人材・組織戦略策定が重要な時代となっています。

・**広報戦略の内容**
　1. コーポレートとしてのレピュテーションの確立、理解／認知の向上など、全社的な広報課題からスタートし、それらに対応する広報戦略
　2. ステークホルダー別に見ての「より良い関係性、そしてレピュテーションへ」の課題からスタートし、それらを確立することに対応する広報戦略
　3. 個々の事業部門ごとに見ての課題からスタートし、それらに対

応する広報戦略
  4．組織としての広報力・危機管理能力拡充に向けての広報基盤戦略

　1．と2．でいう戦略とは、広報部門としてのメディアリレーションのほか、人事・総務部門でのインターナル・コミュニケーションや採用コミュニケーション、広報及び財務部門では投資家との間のIR広報などです。また、デジタル時代の近年は、「マーケティングとPRの接近と融合」の時代であり、カスタマーとの接点も多様になり、広報的対応の可能性が広がっています。

　これら1．〜3．の戦略はそれぞれ独立的な部分もあるものの、有機的に連動させながら、より効果的に機能するような工夫がなされなければなりません。特に、コミュニケーションの効率・効果の視点からは時間的な一貫性が、部門横断的視点からは組織の階層を超えた内容の一貫性が求められます。そうした複合的な視点での全社的なコーディネーションも、一般には広報部門の役割となります。デジタルの時代環境においては常に情報の即時性や同時性が求められ、そうした中で組織としての一貫性に破綻があると、瞬時にして組織外部にも伝わります。そうなれば組織の信頼性・名声を毀損することとなり、「より良い関係性」の崩壊を引き起こしかねません。

　4．の戦略は、組織体が全体として広報能力を高めるための戦略です。組織体が広報戦略的に意識すべきものとして、電通パブリックリレーションズの企業広報戦略研究所によるまとめが非常に参考になります（企業広報戦略研究所2015）。同研究所では各企業での対応状況について定期的調査も実施しており、組織の広報力を評価するための要素として下記の八つを挙げています。

組織の広報力を評価するための要素　　　　　　　　　　（図表4－②）

情報収集力	自社や業界・競合に対するメディアの評判や、ステークホルダーの動静などについて収集・把握する能力
情報分析力	収集した情報に基づき、自社の経営課題・広報課題を洞察する力と、それを組織的に共有する能力
戦略構築力	経営課題に対応する広報戦略の構築と、ステークホルダー別の目標管理、見直しを組織的に実行する能力
情報創造力	ステークホルダーの認知・理解・共感を得るために、メディア特性に合わせたメッセージやビジュアルなどを開発する能力
情報発信力	マスメディアや自社メディア、ソーシャルメディアなどさまざまな情報発信手法を複合的にタイムリーに駆使する能力
関係構築力	重要なステークホルダーと、相互理解・信頼関係を恒常的に高めるための活動と、実行する組織能力
危機管理力	自社を取り巻くリスクの予測・予防や、緊急事態に対応するスキルを維持・向上させる組織能力
広報組織力	経営活動と広報活動を一体的に行うための意思決定の仕組み、会議体、システム整備などの水準

出典:『戦略思考の広報マネジメント』企業広報戦略研究所・編著（日経BPコンサルティング）

　このまとめを見てもわかるように、4.の戦略は、一方では組織体における仕組みの開発・運営であり、一方ではそれを運営・遂行していく人材教育の戦略を持つことが求められています。1.～3.と比較して、より継続的な開発戦略と言えるでしょう。全社広報部門としては、1.と2.、そして4.の戦略策定及び推進を重視することになります。3.については、事業部門の広報担当が中心となり、全社広報部門と連携しながら策定・推進していくことになります。

　次に、広報としての事業戦略の中心（1.～3.）となる、一定期間における特定の広報課題についてのプロジェクト戦略を解説することにします。

4-3. 広報のプロジェクト戦略

広報課題のマネジメントプロセス

特定の広報課題に対応するマネジメントプロセスを、カトリップは（図表4-③）のように表現しています。広報関連の著書ではしばしば引用される図であり、標準的な表現となっています。

広報課題に対するマネジメントプロセス　　　　　　　（図表4-③）

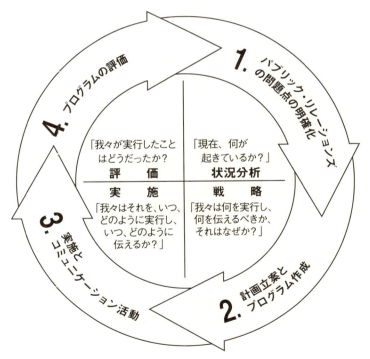

出典：『体系 パブリック・リレーションズ』スコット・M・カトリップ 他（2008）より

このプロジェクト戦略策定・推進のステップは、一般のマネジメントプロセスと同様です。四つのステップについて詳しく説明していきましょう。

・第一ステップ：状況分析（問題・機会・課題の明確化）
　第一ステップは、全社、事業部門の戦略策定プロセスを経て、問題・課題として認識されているものに対して、それを詳細に調査・分析するフェーズとなります。関連するステークホルダーの意見・行動・理解度などを調査し、どのような変革が求められるかを明確にするステップです。

　二つの典型的な性格があり、一つは前向きにより良い関係を開発することを重視するもので、どのような戦略機会があるかを考えます。もう一つは現在すでにある課題、または将来起こりそうな課題を重視するもので、組織体との不都合な関係を解消する、潜在的なニーズも含めての問題解決に当たります。

　また、ここでは、どのような問題解決・課題解決の方向性があるかを探ることも意識する必要があります。コミュニケーションのターゲットをどこに定めるべきか、個々のステークホルダーの意見・行動・理解度などを調査するだけでなく、デジタル化が進行する近年は特に、これらのコミュニケーションの構造や情報流通構造の変化をも明らかにすることが求められる場合もあります。こうした調査には定量的な調査、あるいは定性的調査、あるいはその両者が必要となります。また、その調査の方法については、情報技術と情報環境の変化を十分に加味して実践すべきです。

・第二ステップ：プロジェクト戦略の立案（計画立案とプログラムの作成）
　第二ステップでは、第一ステップで明らかになった課題、関連す

るステークホルダーの状況から、戦略的ギャップ解消に向け、戦略機会を生かすための方策、あるいは脅威を排除するための方策を明らかにします。

　戦略機会とは、たとえば、組織体が強みを持つ事業の展開にとって有利な政策が展開され、事業拡大が生まれようとする場合、その領域での名声を早期に確立し、組織としての先進性をアピールする方策などを意味します。脅威あるいは問題解決のための戦略とは、製品のリコール問題や不正経理などで、名声が毀損する可能性が出てきている場合の対応策に当たります。

　具体的には、
- プロジェクトの目的・目標を明確化
- コミュニケーションプログラムの対象（ターゲット）の明確化
- コミュニケーションプログラムの目標の設定
- 具体的プログラム実践計画の策定

などを経て、
- スケジュール、メッセージ・対話、活用媒体（行動を含む）
- フィードバック方法とタイミング、予算、体制（内外含む）

などを絞り込んでいきます。

・第三ステップ：プロジェクトの実施（実施とコミュニケーション活動）

　第三ステップは、第一ステップで明らかになった課題への対応に向け、具体的目的を達成するために、第二ステップで策定したプログラムを実践するフェーズです。実践に当たっては、コミュニケーション活動とそのコミュニケーションに関連する経営行動、この両者をしっかりと調整して進めることが重要です。すなわち、ブランディングマネジメントで強調される、情報発信、人、製品・サービス、施設など、

すべてのブランドのコンタクトポイントにおける一貫性の確保です。

これにはコミュニケーション活動内での一貫性を保つことも含まれており、特に近年ではSNS内でのクチコミ情報との一貫性をも保つべく、経営活動全体にわたっての管理が求められます。広報マネジメントにおいてしばしば強調される形で表現するならば「ワンボイス・ワンメッセージ」の確保となるでしょう。なぜなら、各種メディアを通して発信される言語的メッセージは、当該プロジェクトがターゲットとするステークホルダーが、そのメッセージが具現化された実際の経営行動を体験することにより、信頼性を持って受け止められるからです。その逆のことが起これば、当該プロジェクトに限らず、すべての広報活動の信頼性を毀損することにつながりかねません。

さらに、もう一点、自らの興味、価値観、そして生活・活動の中にいるターゲットへのリーチは一般に容易ではないものです。もし情報が届いたとしても、それが意識・行動変革につながることはまれで、それだけにターゲットの情報ニーズ、変革ニーズとのマッチングが求められるわけです。ただ、近年のデジタル化時代におけるビッグデータ環境では、デモグラフィックな指標はもとより、ステークホルダーの行動データの把握の可能性も高まっており、新たなリーチの可能性も出現しています。

・第四ステップ：プロジェクトの評価

第四ステップは、プロジェクトにおけるプログラムの評価のフェーズです。従前には、広報の成果は測定不可能という考え方さえ存在しましたが、今や状況は変わりました。経営環境が厳しくなるのと並行して、評価についてはインターネットや幅広いデータ収集など、情報環境が豊かになっています。評価に関連する様々な手法が可能になりつつある今、プログラムの効果を評価する必要性は以前にも増して高まっています。

プログラムに投下した資本及びエネルギーの効果・効率を測り、当該プロジェクトの究極的な目的が達成されたかどうかを判断するために、評価という行為は不可欠です。経営にとって、成果のない活動に予算を配分するわけにはいきません。さらに、当該プロジェクトや実践されたプログラム自体のためだけではなく、その後の新たなプログラムに関連する学びのためにも、適切な評価を行うことはとても重要な意味を持っているのです。

　評価の段階は、大きく下記の三つに分かれます。

・準備（企画）：プログラム実施前の計画立案の段階
　　しっかりと目的に向かったプログラムが計画されているか

・実施：プログラム実施時のモニターの段階
　　そのプログラムが目的に向けて設計されたとおりに実践されているか

・効果（評価）：プログラムの有効性の評価
　　プログラムの目標、ひいてはプロジェクトの目的が達成されているか

　（図表4－④）に示すように、カトリップらは準備（3）、実施（4）、効果（6）の計13段階に分け、究極の目的に近づいていく形で評価のレベルを示しています。広報効果と評価測定に関しては第13章で後述しますが、デジタル化傾向が強まっている近年、広報ターゲットへのリーチ及びインパクトデータ取得も容易になりつつあります。以前に比べて、広報戦略の究極の目的に沿った形で「準備（企画）→実践→効果（評価）」の計画を組み立てやすくなってきています。

広報評価のレベル　　　　　　　　　　　　　　　　　　　　（図表4－④）

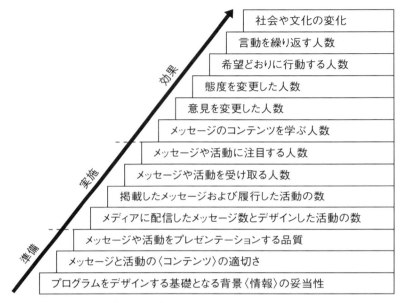

出典：『体系 パブリック・リレーションズ』カトリップ他（2008）より

　こうした評価をプロジェクトの中に組み込んでいくことは、大きくは経営におけるミッションやビジョン、さらには事業目標設定と同様に、そのプロジェクトに関与するメンバーが同じ方向に向けて予算とマンパワーを投入するように仕向け、またそのように動いているかを確認するうえで肝要となります。

　そうした重要な作業であるからこそ、評価をプロジェクトの中に組み込み、それをいかに活用していくかについては、プロジェクトの早い段階で、経営トップから関与するスタッフ全体に対して十分な理解がなされるよう配慮していく必要があります。

4-4. 第4章のまとめ：広報・PR活動の戦略性強化に向けて

「戦略的に」の基本的要件は一般の経営戦略とほぼ同様ではありますが、本章のまとめとして、以下を重要なポイントに挙げておきたいと思います。

・**戦略的であるための基本要件**
<戦略の一貫性>
①組織の存在目的に沿った方策であること（経営と広報との有機的連携）
②組織内での戦略的動きに一貫性があること（部門間の一貫性）
③各種の広報戦略について一貫性があること（広報活動としての一貫性）
④広報戦略に時間軸上の一貫性があること

<環境適応性>
⑤外部環境変化（将来的変化も含め）に適応する
⑥内部環境変化（将来的変化も含め）に適応する

<戦略の有効性を高めるために>
⑦戦略を分散させず、優先度を付ける
⑧防衛力を固めつつも能動性を持つ
⑨タイミングを重視し、適宜かつ迅速に展開する
⑩広報部門のみならず、経営体全体としての広報力学習・育成戦略を組み込む

「戦略的に」という言葉には様々な意味があり、経営体によっても定義は異なるでしょう。ここでは「組織の存在目的に従い、より効果的に様々な経営方策を実践すること」と定義しておくことにします。

上記①〜⑩は戦略策定に関連しての基本的な要諦であり、時代と共に変化するものではありません。しかし、基本的でありながら、十分な配慮がなされないことも多いので、あえて挙げることにしました。近年の環境変化を見ると、広報戦略策定においては特に＜環境適応性＞の⑤、⑥が重要であり、中でも以下に挙げる3点において「パラダイム転換」を意識的に行うべきであることを強調したいと思います。

・ステークホルダー構造変化への対応

　状況は各々の組織体によって異なるものの、グローバル化、M＆Aなどの合従連衡、あるいはダイナミックな外部組織・人員の活用が広がる中で、意識下に置くべきステークホルダーの多様化やネットワーク化が格段に進行しています。これらに向けての対応を明確に意識した戦略策定が、従前にも増して求められています。

・受動的問題対応から能動的対話重視へ

　グローバルなメガコンペティション、IoT[※2]などの情報技術にも影響を受けた多様なビジネスモデルの発生から、産業・企業間の競合関係も錯綜しており、受け身の自己中心的対応では経営資源獲得あるいは関係資産構築競争から取り残されることにもなりかねません。

　第5章のテーマでもあるICT（情報通信技術）の革新により、ステークホルダーのニーズを細かに把握することが容易になる一方で、狙っ

※2
　Internet of Thingsの略。モノがインターネットに接続され相互に連動する仕組み。モノのインターネット化。また、そういった社会の実現のこと。

たステークホルダーへのリーチも容易になっており、今後は能動的対話への転換を意識して進めていく必要があります。

・リスクマネジメントへの配慮

　グローバルな視点では、社会情勢の不確定要因が増大しています。国内的にも様々な経済・社会の不確定要因が増しており、社会的倫理観の後退も気になるところです。SNSをはじめとするICTの発展と普及により、多様な発言や発信がごく日常のものとなり、成長に向けての事業イノベーションや経営革新により、不慣れなことへの挑戦は組織にとって不可避なものとなっています。

　つまり、個人、組織内、そして国内外を問わず、社会全体にリスクの種となる要因が存在している現状にあって、そうした環境を評価し、リスクに対処しうるシステムの整備が急務であると考えます。

　本書を通して「デジタルで変わる」ことに重点を置いています。しかし、広報戦略の策定において、デジタルツールの利用自体が戦略の目的にならぬようにしたいものです。まずは「なにが広報・PRをする究極的目標か」を確認し、組織的に合意しつつ進めることが肝要です。各種ツールが便利で面白く話題性もあるだけに、一層の配慮が求められるということを銘記する必要があるでしょう。

＜了＞

第 5 章

ICTの活用と
コミュニケーション
デザイン

執筆：博報堂 兼 博報堂DY メディアパートナーズ
　　　エグゼクティブマーケティングディレクター
　　　安藤元博

5-1. ICTを活用したコミュニケーションデザインとはなにか？

　ICTを活用したコミュニケーションデザインとはなにか、を理解するためには「ICTとはなにか」と「コミュニケーションデザインとはなにか」の二つを知らなければなりません。

　「ICT」とはInformation and Communication Technology（情報通信技術）の略です。「IT（Information Technology）」と記される場合もあります。コンピューターやネットワークに関連する技術の総称です。
　一方「コミュニケーションデザイン」とは、広報や広告・マーケティング分野で使われる場合、送り手と受け手の間に多様かつ複層的に広がる手段を組み合わせ、相互に情報を適切にやりとりする関係を築き、マネジメントしていくための設計を指します。
　つまり、「ICTを活用したコミュニケーションデザイン」とは、マスメディアや自社メディア、広報リリースなどの従来からの手段に加えて、PCやスマートフォン、そこで展開されるWebサイト、アプリ、ソーシャルメディアなどを統合的に活用して、目的とするコミュニケーションをつくり上げることです。

　そもそもコミュニケーションとは一般に、それにかかわる複数者の意思を疎通させ、互いに理解し合える形で情報を伝達することをいいます。コミュニケーションの仕事でまず大切なことは、それを円滑にするための「相手と共通の土俵」をつくることです。ICTはそのための大きな役割を果たします。
　ICTの持つ最大の特徴は、情報伝達において双方向のやりとりを

極めて容易にすることです。ICTが普及する以前、広告や広報におけるコミュニケーションは、結果として一方向的になることが多く、本来のコミュニケーションという目的からは外れる場合もありました。しかし、ICTの進展はその状況を変えました。受け手の興味や関心、評価は、直接あるいはデータの形で間接的に示されるようになり、結果、送り手は独りよがりに情報発信をしてしまう危険を回避し、相互に意思疎通をしながら理解を深め合っていける可能性が広がってきたのです。

相互理解の重要性はコミュニケーションにおける本質であり、今に始まったことではありません。しかし、ICTの進展により、その理想を従来にも増して十分に追求できるようになりました。コミュニケーションの「デザイン」ということに特に注目が増してきた背景には、そのような環境変化があるのです。

第5章のポイント

- ☐ ICTとはInformation and Communication Technology（情報通信技術）の略で、コンピューターやネットワークに関連する技術の総称。
- ☐ コミュニケーションデザインとは、送り手と受け手の間に多様かつ複層的に広がる手段を組み合わせて、相互に情報を適切にやりとりし理解し合うための設計。
- ☐ ICTが果たす役割の特徴は、情報伝達において双方向のやりとりが極めて容易になること。
- ☐ PCやスマートフォンを介したネットワークを活用することで、コミュニケーションは本来の目的を達成できる可能性が高まる。

5-2. ICTを活用した コミュニケーションデザインの全体像

　ICTを活用したコミュニケーションデザインにおいてもっとも意識すべきなのは、送り手が独りよがりに陥ることを避け、受け手との相互理解を成り立たせることです。その全体設計に際して、一つの基本的な考え方、及びそれを具体的に進めるうえでの四つの要素が挙げられます。

　設計全体の基本的な考え方となるのは「双方向コミュニケーション」です。今の生活者は企業が発信する情報をそのままストレートには受け取らない傾向が強くなっています。加えて、それがどう思われたか、なにが良くてなにが良くなかったのか、直接的あるいはデータを通じた間接的な形でその反応も見えるようになっています。個々の生活者の反応はネットワーク化されて大きなうねりとなり、計画時の環境そのものを変えていく十分なインパクトを持っています。

　それは、あらかじめ社内の会議室で決めた計画をいつもそのまま実行し続けていればいいわけではない、ということも意味します。生活者の受け取り方は必ずしも予測できません。また、環境の変化次第で最善の打ち手は刻々と変化していくかもしれません。それらを常に受け止め、取り組み続ける態度が求められます。しかし仕事の現場では、生活者と真摯に向き合うよりも、一度社内手続きで承認され決定されたという事実や、長年における業界の暗黙の常識といったものが無反省に重視され、通用してしまうことも少なくありません。ICT時代のコミュニケーションデザインにおいては、こうした慣習を変える態度が大切になります。

次に、設計を具体的に進めるうえで必要な事柄が四つあります。一つは、伝えたい内容を受け手に「自分ごと」化させる、ということです。その際、受け手に実際に行動させたり、なんらかの体験をさせたりすることも重要なポイントです。単に概念的に伝えるだけでなく主体的な行動を促すことは、深い理解や態度変容につながります。それは受け手自身のみならず周囲へのポジティブな影響の広がりを起こします。

　二つ目は、そのために様々なメディアの特徴を生かし、組み合わせて使うことです。多くのメディアを使用することが常に最良とは限りません。しかし、ICTの進展によって広がった可能性を十分に認識したうえで、そのつど目的や状況に応じたメディアの組み合わせを考えることは不可欠です。「これまではこうしてきたから」「いつもこうしているから」といった固定観念を捨て、ニュートラルな態度で臨むべきです。

　三つ目は、メッセージです。一方向的な伝達を前提とするのと双方向のコミュニケーションを意識する場合とでは、そのつくり方も異なります。かつては、シンプルで強固なメッセージであることが大事でした。そのこと自体は今も変わりません。しかし双方向のコミュニケーションが前提となった現在の環境下では、自分たち自身が信じている「本当のこと」を語らなければなりません。嘘が容易にばれる一方で、企業が本気で取り組んでいること、自信があることはきちんと伝わっていきます。一見、取るに足らないように見えても、社員が心から大事にしていることは生活者にも共感される可能性が高いのです。

　四つ目は、活動を継続的な視野で設計し、生活者とのやりとりの

なかで相互の関係を意識的に形成していくことです。短期的な成果のみに固執するのでなく、受け手との関係を財産として蓄積し、絆を強めていくことを意識しなければなりません。

ICTを活用したコミュニケーションデザインの全体像　　　（図表5－①）

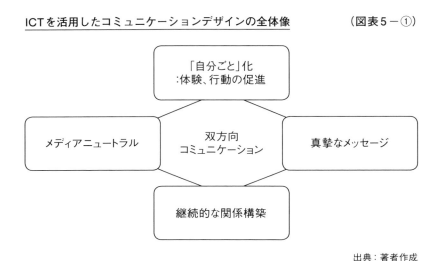

出典：著者作成

5-3. 基本的な考え方:「双方向」コミュニケーション

　ICTを活用したコミュニケーションが従来と最も大きく異なるのは、「双方向」性の重視です。もちろん既に見たように、ICTの進展の有無にかかわらずコミュニケーションにおいて双方向性は本質的な要素です。ICTの活用によって、その本来がより実現しやすくなっている、と考えればよいでしょう。従来のコミュニケーション環境下では、送り手と受け手ははっきりと分かれていました。情報伝達の装置は限られており、そこにアクセスするためには資金をはじめ様々な制約があったからです。広報や広告の理論もそれを前提につくられていた、と言ってもいいでしょう。ところが、インターネットやデバイスの進化がその状況を大きく変えました。生活者が発信する情報が容易に多くの人に流通するようになったのです。

　(図表5－②)を見てください。従来のコミュニケーションを表す左側の図では、送り手としての企業が考えるべきことは絶対的な発信者として「どのように伝えるか」です。一方、ICTが進展した状況を表す右図では、企業は生活者が情報を受発信する多数の相手の一部であり、相対的な存在になっています。そこでは、必ずしも「なにを、どう伝えるか」のみではなく「なにが、どう伝わっているか」を鋭敏に感知しながら行動していかなければなりません。

　「コペルニクス的転回」という言葉があります。動かない大地から見て、太陽や天空の星々が回転しているという「天動説」から、この大地自体が動いていて、自分たちの足場である地球は星々との相対的な位置関係にある存在に過ぎないという「地動説」へと、「天

と地が引っくり返る」ような転換を指します。ICTの進展した情報社会では、まさにそのような、これまでの環境の見方が抜本的に変わる、ということが起こっているのです。

「一方向」から「双方向」へ　　　　　　　　　　　　　　　（図表5－②）

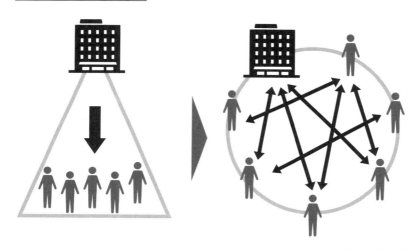

出典：著者作成

5-4. 生活者の体験や行動を促し「自分ごと」化させる

　これまでのコミュニケーション環境下では一方向的なパワーで情報を強力に、かつ効率的に伝達することが可能でした。しかし、メディアが多様化し、かつ流通する情報の総量が極めて大きくなった現在において、情報伝達の最大の課題は、それが「スルー」されないようにすることです。あまりに複雑で多くの情報に接触するようになったために、人は自分に関係のない情報を無視し、自分にかかわる限定的な情報だけを取捨選択して摂取するように変わりつつあります。逆に、関心があることには自ら探索して情報理解を深めようとしますし、自分の気持ちが強く揺さぶられたことに関しては単に受け手にとどまらず積極的に周囲にそれを拡散することも多くなっています。従来のメディア環境下では、そのための手段が限られていましたが、ICTによりそれが容易になった今、コミュニケーションをデザインする側はそうした生活者の主体的な行動の誘発を意図して組み込む必要があります。

　では、どのようにすれば、情報を「自分ごと」化することができるのでしょうか。たとえば、「答え」を直接伝えるのではなく、あえて「問い」を投げかけたり「トライ」を促したりする手法が挙げられます。商品Aの特徴的な利点（答え）を、コピーやデザインによっていかに巧みに表現するのか、というアプローチが従来のものだったとすれば、その特徴を直接伝えるのではなく、その商品が使われるような場面でユーザーが一般的に気にしている疑問や悩みを聞いてあげる（問い）という姿勢が相手の関心を呼ぶこともあります。

　また、最初から商品Aの素晴らしさを押し付けるのではなく、あえ

てその他の商品あるいは改良以前の商品と比べてもらい（トライ）、生活者自身が捉えたその特徴を発信してもらう、というやり方も考えられます。どちらも自ら先に「答え」を言わずに、それを受け手である生活者自身に委ねる、という方法です。

<u>生活者の「自分ごと」化を促す</u>　　　　　　　　　　　　　（図表5－③）

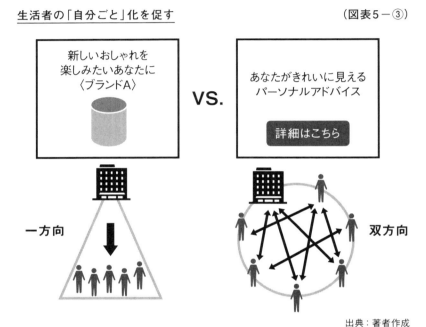

出典：著者作成

　商品を試しに使ってもらう、体験してもらう、という手法は従来から重要でした。では、なぜICTの時代にそれがより強調されるのでしょうか。
　一つは、受け手の反応が再発信され拡散するコミュニケーションの基盤ができ上がっていることです。世の中に流通する膨れ上がった情報量の中には、一人ひとりの生活者が発信しているものが少なくありません。逆に、企業から直接発信できる情報の影響はむしろ限定的になっています。そうした環境下では、コミュニケーション

を設計する段階で生活者からの発信を意識することが必要です。

　もう一つは、Web関連のテクノロジーやデータの活用により、受け手の関心の程度に応じたパーソナライズされたコミュニケーションが可能になっていることです。誰に対してもやみくもかつ一様に試用を促すのではなく、既存ユーザーやある程度関心を持ってもらえそうな人には商品自体を通じた深い体験を、まだ関心が浅い人には広く一般的なテーマを通じたライトな体験を提供する、というようなことも可能になっています。

　ICT時代のコミュニケーションでは、受け手が興味関心を持ち、場合によっては自ら能動的に探索したり編集し発信したりする「余白」を置くことで、情報を「自分ごと」化させることが必要なのです。

5-5. 多様な手段の特徴を理解し、目的に応じて柔軟に活用する（メディアニュートラル）

　ICTの進展によって、コミュニケーションの回路は飛躍的に多様化しています。変化しているのはデジタルメディアだけではありません。従来から存在するテレビ番組やアウトドアメディア、店頭POP、新聞や雑誌の記事を通じた情報なども、生活者による再編集と発信の対象となり、デジタルメディアを通じて拡散していく可能性を持つ時代です。

　（図表5-④）の「POEマトリックス」は、博報堂で使われている考え方で、生活者が接するあらゆるメディアを九つの枠で整理し一覧できるようにしたものです。縦軸では送り手（企業）から見た関係性によってメディアを三つに分けています。

1）企業が媒体費を支払って広告掲載する従来型の「ペイドメディア（買うメディア）」
2）自社サイトに代表される、企業が直接所有する「オウンドメディア（所有するメディア）」
3）SNSやブログなど、信頼や評判を＜得られる＞「アーンドメディア（得るメディア）」

　2010年代の初頭から、この三つのメディアのことを指す「トリプルメディア」という呼称が定着してきました。「トリプルメディア」が注目された背景には、デジタル化の進行によって、送り手（企業）から見た自社サイトやソーシャルメディアの重要性が増し、従来のマスメディアを使ったコミュニケーションとの連携が不可欠となってきた、という認識があります。

POEマトリックス　　　　　　　　　　　　　　　　　（図表5－④）

＊枠内は代表的な例
出典：博報堂作成

一方、メディアを使う際には、それがどのような場で機能し、どのような性格を持っているのか、という観点で分類することもできます。POEマトリックスでは横軸にそうした特徴によるカテゴリーを置いています。「マス」メディアは大量かつ一斉にメッセージを伝達することが容易です。また「Web」はその性格上、パーソナルに伝達内容を変えたり、参加者自身の創意や自発を促したりすることに長けています。一方で、屋外や店頭などの「リアル」メディアは、直接に行動を促しやすいという特徴を持っています。

　コミュニケーションデザインにおいては、この枠組を使って自ら実行しようとする施策を書き込み、その全体連携を考えることで、トリプルメディアを単なる概念整理に終わらせることなく、プランニングの現場で生かしていくことが可能になります。

5-6. 受け手に対する真摯なメッセージを送る

　コミュニケーションデザインという言葉から、送り手サイドが受け手との関係性を恣意的に操作し管理する、というニュアンスを持つ人がいるかもしれません。もちろん、技法を駆使し、意図して成果を得ようとすることは必要です。しかし、もし実態や事実を上手にごまかす、ということまでも含もうとするならば、それは問題です。

　倫理的な観点だけではありません。これまで見てきたように、ICTが進展した情報社会においては、情報は企業側からコントロールできる限界を超えて生まれ、広がっていきます。従来は広く伝えることが困難でしたが、都合のいい情報も都合の悪い情報も、極め

て容易に伝わるのがその特徴です。顧客や社会のために地道に取り組んできた企業の努力は、たとえ地味であってもそれが真実ならば、広く世間の評判を得るかもしれません。Webサイトやソーシャルネットワーキングサービス（SNS）では、そうした企業活動の生の事実や社員一人ひとりの率直な思いなどが、つくり込まれた情報よりも好意的に受け取られていく可能性がある場だということを認識する必要があるでしょう。

　逆に昨今、たびたび世間を賑わせている偽装工作や問題の隠蔽はただちに明るみになって拡散し、企業に大きなダメージをもたらすリスクが高まっています。多くの事例が示しているように、情報社会においては、たとえ規模あるいは伝統の権威の力をもってしても、虚偽はごまかしきれるものではありません。

　孔子の言葉に「巧言令色、鮮し仁（巧みな言葉を用い、表情をとりつくろって気に入られようとする者に、誠実な人間はほとんどいない）」というものがあります。二千年以上も昔の言葉ですが、最新のテクノロジーが日常化した今、逆にその言葉の重みが増しているとも言えるでしょう。ICT時代のコミュニケーションにおいては、受け手に対する送り手の真摯な態度こそが、これまでにも増して不可欠な要素になっていることを肝に銘じなければなりません。

5-7. 継続的な関係を構築する

　従来のコミュニケーション設計では、「課題設定→企画→実行」までが一連の仕事として捉えられることが普通でした。「レビュー」はあったとしてもある程度の時間を経てからのことで、次の企画の際にはまた一から課題設定がなされる、ということも常態であったと言えるでしょう。それは、実行に対する反応を計測することに時間がかかったこと、いったん決めた手段を変更することが、比較的困難かつ高コストであったことに起因します。
　ICTを活用したコミュニケーションデザインでは、これまで見てきたように受け手の反応と発信を重視、すなわち「伝え方」のみならず「伝わり方」を大切にし、目的と状況に応じて多様な手段を柔軟に組み合わせていくことが求められます。
　こうした考え方のもとでは、施策は常に「やりっ放し」ではなく、常に改善を意識しながら進むことが重要です。むしろ最初から精緻に企画をつくり込むことに時間を使うよりも、比較的早めに実行に移し、受け手の反応を見ながら迅速に改善していく、という発想の転換が望まれます。

　「PDCAサイクル」は、ICT時代のコミュニケーション活動運営の基本的な考え方になっています。「PDCAサイクル」はもともと事業活動における管理手法として開発され使われていますが、デジタル化の進展に伴い、コミュニケーション施策の企画・運用においても基本的な考え方として定着するようになりました。Plan（計画）→ Do（実行）→ Check（評価）→ Action（改善）の四段階を繰り返すことによって、業務を継続的に改善するという手法です。

PDCAサイクル　　　　　　　　　　　　　　　　　　　　（図表5－⑤）

```
        Plan
        計画
Action         Do
改善           実行
        Check
        評価
```

出典：著者作成

　このPDCAサイクルの考え方の利点は、短期的な施策改善にとどまりません。これまでは一つひとつの企画が断続的に立案され実行されていたため、受け手との中期的な関係構築が難しかったという面があります。PDCAサイクルを適切に用いることで、個々の働きかけにより生じた成果を時系列的に蓄積することができます。

　こうした継続により、受け手との間に良質な共通の基盤をつくり、育てていくことが、コミュニケーションデザインにおいては非常に重要です。コミュニケーションとは、相手と意思を疎通させ、互いに理解できる形で情報を伝達することです。したがって、コミュニケーションの仕事で最も大切なことの一つは、単発の施策の成否のみならず、それらを円滑にしていくための相手と共通の土俵を形成していくことなのです。

　ICT時代のコミュニケーションデザインとは、短期的な成果のみを求めるのではなく、誠意を持って受け手との関係性を築き、蓄積し、続けていくことにあるのです。

5-8. 第5章のまとめ

・ICT を活用したコミュニケーションデザイン
　送り手と受け手の間の「双方向」性を重視した設計を基本とする。そのうえで　①体験や行動を促し「自分ごと」化させる、②多様な手段の特徴を理解し、目的に応じて柔軟に活用する（メディアニュートラル）、③真摯なメッセージを送る、④継続的な関係を構築する、ことがポイント。

・双方向コミュニケーション
　ICT が進化し普及した現在において、受け手は送り手発の情報をそのまま素直に受け入れるわけではない。「なにをどう伝えるか」のみならず「なにがどう伝わっているか」を常に感知し、生活者の相互情報伝達の回路の中に入り込むことを意識してコミュニケーション設計を行う。

・「自分ごと」化：体験や行動の促進
　情報量過多の時代において、送り手は言いたいことを伝える以前に、受け手の関心自体を引き起こすことを意識しなければならない。受け手の行動や体験を促し、興味・理解を深めるとともに、その発信を上手に活用する。

・メディアニュートラル：多様な手段を組み合わせ柔軟に活用
　「トリプルメディア」及びマス・Web・リアルの違いによって整理される九つのメディア群の特性を理解し、固定的、慣習的なメディアの使用にとらわれず、目的に応じて使い分け、あるいは組み合わせる。

・**真摯なメッセージ**

　都合のいい情報も悪い情報も、送り手のコントロールを超えて広く伝わる可能性がある環境を理解し、虚飾を廃し、事実に基づく真摯な情報発信を心掛ける。

・**PDCAサイクルと継続的な関係構築**

　Plan（計画）→ Do（実行）→ Check（評価）→ Action（改善）のサイクルを繰り返すことによって、業務を継続的に改善する。短期的な修正のみならず、中長期的な観点から成果を蓄積し、生活者との良質な相互理解の基盤を構築する。

＜了＞

第 6 章

マーケティング・
コミュニケーション
(マーケティング PR)

執筆：電通パブリックリレーションズ
　　　コーポレートコミュニケーション戦略部長
　　　企業広報戦略研究所 上席研究員
　　　北見幸一

6-1. マーケティング・コミュニケーション（マーケティングPR）とはなにか？

　アメリカ・マーケティング協会（AMA）の2007年の定義によれば、「マーケティングとは、顧客、クライアント、パートナー、ひいては社会全体にとって価値のある提供物を創造・コミュニケーション・流通・交換するための活動、一連の制度、過程である」と示されています。ややマーケティングの社会的な側面が強調されているものの、「製品を売り込む」というニュアンスは存在していません。顧客及びステークホルダー（社会全体）に向けて、価値を創造・提供することに力点が置かれています。

　また、ドラッカーの言葉を借りれば、マーケティングの目的は「販売努力（Selling）を不要にすること」です（ドラッカー 1973）。つまり、マーケティングとは、究極的には売り込みをしなくとも売れる仕組みをつくるということになるでしょう。そのためには、売れる仕組みとしての顧客との関係性の構築及びマネジメントをしていくことが求められます。

　伝統的なマーケティングの教科書では、製品（Product）、価格（Price）、流通（Place）、プロモーション（Promotion）という英語の頭文字をとった4Pが、マーケティング・ミックスとして紹介されます。最後のプロモーションにおけるツール（手法）として、広告、人的販売、セールスプロモーション（SP）、広報・PRなどが例示されています。広報・PRも、パブリシティーと混同がありながらも、プロモーションの一部として紹介されています。しかし、近年では、広告、SPなどのプロモーションだけではなく、消費者に信頼性を伝えるためにも広報・PRの重要性が高まってきており、単純なプロモーション

ツールだけの話ではなくなってきています。

　マーケティング・コミュニケーションは、プロモーションと同義と受け取られることもありますが、統合型マーケティング・コミュニケーション（IMC：Integrated Marketing Communications）の権威であるドン・シュルツらによれば、「IMCとは、消費者、顧客、見込み客、その他の組織内部及び外部の関係者を対象に、継続的に実施される、調整され、測定可能な、説得的ブランド・コミュニケーションを企画・開発・実行・評価し、利用するために使用される、戦略的なビジネス・プロセスである」と定義しています（シュルツ他 2004）。
　ここには、顧客を中心にすべての事業活動をコミュニケーションの視点から全体的に構築する視点が盛り込まれています。つまり、マーケティング・コミュニケーションとは、「売れる仕組みをつくることに役立つコミュニケーション活動全般」といってよいでしょう。広報・PRも単なるプロモーションツールではありません。顧客、見込み客との良好な関係性を構築したり、信頼性を付与したりすることもできます。その意味でも、広報・PRは売れる仕組みをつくることに役立つコミュニケーション活動であり、戦略的なビジネス・プロセスであると言えます。

　近年、マーケティング・コミュニケーションの世界でも、「戦略PR」という言葉をよく耳にします。マーケティング・コミュニケーションにおける広報・PRの重要性はますます高まっています。戦略PRは井口理によれば、「広告やその他の施策におけるメッセージやタイミングを含め、よりマクロ的に連動を図っていくことにより、生活者の関心や理解度を上げていく仕組み」ということになります（井口 2013）。戦略PRにおいては広報・PRは、広告やその他の施策と連動しており、切り離されたものではないことに注意が必要です。

第6章　マーケティング・コミュニケーション（マーケティングPR）

　本章では、マーケティング・コミュニケーションにおける広報・PRの役割をマーケティングPRとして解説していきます。

第6章のポイント

☐ 売れる仕組みづくりに役立つコミュニケーション。

☐ レピュテーション（評判）を高めるPR。

☐ PR的視点でコンテンツを。

☐ デジタル時代の情報流通構造を押さえる。

☐ ストーリーテリングの連鎖を起こす。

6-2. マーケティングPRの全体像

　マーケティングPRを実践する際の展開フローを考えると、全体像が見えやすくなります（図表6-①）。マーケティング戦略のフローとの大きな違いはありません。ただし、マーケティングPRを実践する際には、（製品戦略を決めるような）マーケティング・コンセプトを決定する段階から、PRを念頭に置いておいたほうが有利に展開することが可能です。なぜならば、PRは「イメージ」ではなく「ファクト」に基づく情報が必要不可欠だからです。製品・サービスを含めたマーケティング戦略が完璧に決まっている段階で、後付けでいくらPRを行ったとしても、大きな成果は見込めません。

マーケティングPRの展開フロー　　　　　　　　　　　（図表6-①）

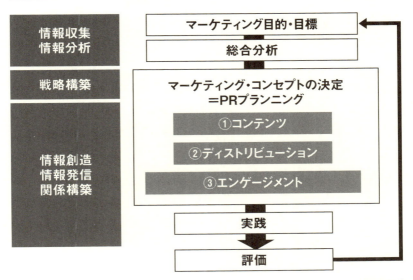

出典：著者作成

製品・サービスを開発する段階で、そのマーケティング・コンセプトに、後述する「PR IMPAKT®（ピーアールインパクト）」の要素が含まれることで、意図せずとも、ニュースになる製品・サービスができ上がるのです。それがマーケティングPRにとっては、とても重要なことです。そのためにも、製品・サービスの周辺に関して情報収集・情報分析を行い、PRプランニング（戦略構築）を行っていきます。

　今や、マーケティング・コンセプトの決定において、PRプランニングは必要不可欠です。PRプランニングにとって重要な要素は、①コンテンツ（情報創造）、②ディストリビューション（情報発信）、③エンゲージメント（関係構築）、です。この三つをどのように考えるかで、成果はまったく違うものになっていきます。

　①コンテンツ（情報創造）は、PRにおいて一番重要な部分です。ここでいうコンテンツとは、自社の製品やサービスについて、メディアが報道したくなる、あるいは人が語りたくなるようなニュースをつくることです。製品やサービスにどんなことを付加すればニュースになるのかを考えます。

　②ディストリビューション（情報発信）は、コンテンツをどのように伝えていくかを考えます。従来からある広報・PRでは、ニュースリリース、記者発表会、PRイベント、メディア（新聞・雑誌・テレビなど）へのプロモートなど、マーケティング主体自身がマスメディアに対して直接的に情報発信するケースや、影響力を持つ第三者（インフルエンサー）に紹介や説明をしてもらうように、間接的に情報発信するケースなどがあります。特に近年では、デジタルへの対応をどのようにやっていくかという視点が非常に大事になっています。

　最後に、③エンゲージメント（関係構築）を考えます。顧客との

良い関係構築を図り、自社の製品やサービスのファンとして維持していくのは重要なことです。ファンになってリピートしてくれる顧客を持つことは、新規の顧客を獲得するコストを考えてもマーケティング上、とても大切です。また、デジタルへの対応という視点では、エンゲージメントされた優良な顧客を巻き込んで情報発信をすることで、顧客自身が発信するSNSなどによる情報拡散では大きな効果をもたらします。

　本章ではPRプランニングの中でも、①コンテンツ（情報創造）と②ディストリビューション（情報発信）について重点的に解説していきます。

6-3. 戦略的なマーケティングPR

レピュテーションを高めるために

　近年、インターネットの登場により、世の中に出ている情報量は爆発的に増加しています。総務省の「情報流通インデックス調査」によれば、世の中に流通している情報の99.996％は、消費されず受け流されているといいます（総務省 2011）。大量な情報の中から、消費者に共感して「自分ごと」化してもらい、意識変化、そして、態度変容を促すコミュニケーション設計が欠かせません。そのためには、レピュテーション（評判）が極めて重要になってきます。

　山岸俊男らによれば、レピュテーションとは「ある人ないし、対象（集団、組織、企業、製品等々）に対して第三者により与えられた、その対象の特性ないし属性についての査定」です（山岸他 2009）。

ここで大事なのは、「第三者」と「査定」という言葉です。レピュテーションは、自分とは違う別の第三者に伝えてもらって初めて成立します。自分で自分のことを褒めても何の評判も立ちません。また、第三者から伝えられる情報には、なんらかの価値判断が入っています。なにかを伝えようとするということは、このことを他人と共有したほうがよいという価値判断があって行っているわけです。それは「査定」と言ってもよいでしょう。どうでもよい情報は、膨大な情報が溢れる中では、目にも留まらないものなのです。たとえば、クチコミ、Facebookの「いいね！」や新聞の記事も、誰かの共有しようという価値判断（査定）があって、初めて流された情報なのです。

　また、レピュテーションを高めるためには、人から人に多くの良い評判が繰り返し伝わっていくことが大事です。テレビや新聞などのメディアに掲載されると、それが多くの人に伝達されていくため、同じような効果を生むことがあります。よくテレビ番組で紹介されたラーメン店が、紹介された翌日から突然行列のできる店になってしまうというのは、レピュテーション効果によるものです。

　このようなレピュテーションを高める仕掛けは、広報・PRが得意とするところです。広報・PRによって、メディアが報道したくなる、あるいは、人が語りたくなるような状況を戦略的につくることがマーケティングPRにとっては重要です。

マーケティングPRにおけるコンテンツ開発

　メディアが報道したくなる、あるいは、人が語りたくなるような状況をつくるために、ニュースづくりは欠かせません。ここで、ニュースをつくるための六つの視点をご紹介しましょう。それがPR IMPAKT®という視点です。この視点によって統合型マーケティング・

コミュニケーション戦略の効果を最大化します。

　これまでのキャンペーンは、いかに「言う」かの戦略が中心でした。かつては広告の大量投下でモノが売れる時代でした。しかし、現在では消費者のライフスタイルが多様化し、また、製品・サービスの供給過剰が進んでいます。その中で、消費者の購買決定はクチコミ情報を重視するようになりました。すなわち、自分自身に属性や考え方が近い存在が推奨する商品を好んで購買するという行動が増えてきたのです。

　そこで、いかにいろいろな消費者に、その商品やサービスについて語ってもらうかということが、マーケティングにおいては大事になってきています。すなわち、いかに「言う」かの戦略から、いかに「言いたくさせる」かの戦略が重要になってきているのです。

　社会課題と連動した、社会的なニュースをつくり上げていくことで、商品やサービスの購買環境基盤を整備することも大切です。この「言いたくさせる」戦略には、PR IMPAKT®の視点が欠かせません。PR IMPAKT®のIMPAKTはニュースをつくる六つの視点の頭文字を取ったものです。インパクトの正しい英語表記はIMPACTですが、CがKとなっているところがポイントです。それぞれについて簡単に解説しましょう。

①「Inverse」（インバース）… 逆説、対立構造
②「Most」（モウスト）… 最上級、初、独自
③「Public」（パブリック）… 社会性、地域性
④「Actor／Actress」（アクター／アクトレス）… 役者、人情
⑤「Keyword」（キーワード）… キーワード、数字
⑥「Trend」（トレンド）… 時流、世相、季節性

①「Inverse」(インバース)は、逆説、対立構造の視点です。

まず、人々の注意・関心を引くためには、いつもと同じでは駄目なのです。「夏なのに雪が降る」「冬なのにヒマワリが咲く」といった、相反する構造が重要です。自分が思っていたことと逆の事象が起こると人は「おや？」「え！」というように驚いて、「ちょっと聞いてよ」という具合に語りたくなるのです。

また、対立構造という要素もあります。一つの事象を相反する二つの視点から対立させることでニュースになります。たとえば「新vs旧」「東vs西」「保守vs革新」などです。よく聞く話ですが、「関東vs関西」で「うどん」を取り上げると、関東、関西ではずいぶんと違いがあり、それを比較するだけで面白いネタになります。

②「Most」(モウスト)は、最上級、初、独自という視点です。

人が話題にし、そして記憶に残っているものは「Most」のものなのです。たとえば、富士山が「日本で一番高い山」ということは誰でも知っていますが、「日本で二番目に高い山は？」と聞かれても答えられる人はそうはいません。やはり、「日本一の〇〇」「世界初の〇〇」という言葉は、それだけでニュースになる価値があります。

③「Public」(パブリック)は、社会性、地域性という視点です。

マスメディアは「皆が知っておくべき、世の中に役立つ情報」を届けるという使命があります。記者も、社会的に意義がある情報を求めています。自分たちの製品・サービスに、社会課題と向き合うというストーリーが付加されるだけで、社会的な意義が出てきます。また、地域には、その地域独自の地方紙・地方テレビ局がありますが、地域のメディアは、その地域に役立つ情報を求めています。

④「Actor／Actress」(アクター／アクトレス)は役者、人情とい

う視点です。

　メディアでは、人欄、人物密着番組など、「人」を取り上げる場面が多数あります。「人」を中心としたほうが人々の関心を引く（視聴率を得やすい）ストーリーをつくりやすいからです。

　また、主体となる登場人物が誰なのかによってもニュース価値は変わってきます。「犬が人を噛む」ではニュースになりませんが、「人が犬を噛む」はニュースになります。①のInverse（インバース）という視点が複合的に加味されると一層話題になります。

　⑤「Keyword」（キーワード）は、まさにキーワード、数字という視点です。

　メディアでは、なにかの事象をコンパクトに表現したキーワードが好まれます。たとえば、政治の世界では、小泉政権時代、「構造改革」「抵抗勢力」「骨太の改革」などのキーワードが紙面を飾っていました。安倍政権では、「アベノミクス」「三本の矢」といったキーワードでしょうか。キーワードがあれば、いちいち何度も説明しなくとも状況が説明でき、ニュース性を増すことができるのです。

　⑥「Trend」（トレンド）は、時流、世相、季節性という視点です。
　メディアには「この時期にはこの内容を報道する」というある種の決まりきったパターンが存在します。特に四季のはっきりしている日本では季節の話題には事欠きません。みなさんも、春先には「花粉、アレルギー」、真夏には「猛暑、熱中症」、秋には「行楽シーズン、食欲の秋」、冬の寒い時期には「風邪、インフルエンザ」などのニュースを目にしたことでしょう。このようなトレンドや歳時記に関する情報を付加することで、その時期に話題として取り上げる必然性が増加します。

これら六つの視点を、自分たちの製品・サービスに対して複合的に付加していき、情報コンテンツを創造することで、「言いたくさせる」情報に進化させることができます。この六つの視点は、広報・PRを行っていくうえでは欠かせない視点です。この視点を用いて、情報コンテンツをつくり込んでいくことが、マーケティングPRでの成功の鍵を握ります。

6-4. デジタル時代の情報流通構造の変化

高まるインターネットの利用率

　広報・PRの活動の中心が、マスメディア対応に置かれていた企業も多かったようです。それは、これまでは新聞・テレビといったマスメディアの影響力が大きかったこともあり、当然の結果であったと言えます。マスメディアにおいてパブリシティーが露出されることのみを重視していた時代がありました。マスメディアによって、マス消費者に一方的に情報が伝達されるからです。しかし、インターネットやSNSなどデジタルツールの普及によって、情報流通構造に変化がもたらされています。インターネット利用率は82.8％にまで到達しており、1億44万人が利用しています（2013年度末現在）。

　また、情報伝達の手段におけるインターネット上のコンテンツへの要請は年々高まりを見せています。総務省情報通信政策研究所による「情報通信メディアの利用時間と情報行動に関する調査」（図表6-②）によれば、10代、20代の新聞行為者率（利用率）は極めて低くなっています。10代で8.6％、20代で10.4％という数字であり、

50代でようやく59.4％と半数の利用が見込めるメディアとなっています。

一方、ネットの利用率を見てみると、60代を除いてどの世代でも、新聞を上回っています。また、テレビの利用率は、全世代通じて依然として高いですが、10代から20代では、ネットがテレビを上回ります。このように、ネットが消費者のメディア接触行動を変えているのです。10年、20年先には完全にネットがメディア接触の中心になることは間違いないでしょう。

主なメディアの利用時間と行為者率　　　　　　　　　　（図表6－②）

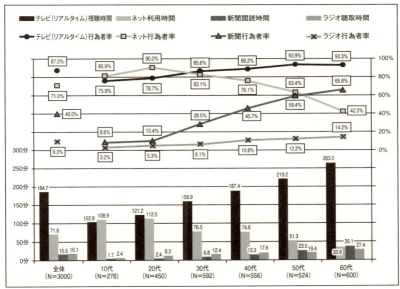

平均利用時間：各情報行動について、1日当たりの平均時間
行為者率：調査の2日間の1日ごとにある情報行動を行った人の比率（利用割合）を求め、平均したもの

出典：総務省 情報通信政策研究所「情報通信メディアの利用時間と情報行動に関する調査」(2013)より
http://www.soumu.go.jp/iicp/chousakenkyu/data/research/survey/telecom/2013/00h24mediariyou_gaiyou.pdf

デジタル時代の情報流通構造

　メディアの利用状況が変化した今、マーケティングのあり方も考え方を変える必要があります。デジタル時代の情報流通構造は、これまでマスメディアが中心でやってきたものとは明らかに変わってきています。これまでは、特に新聞・雑誌・テレビといったマスメディアに掲載されれば情報が行き渡った時代が長く続きました。だから、マーケティングにおける広報・PRの仕事も、マスメディアを対象にした仕事が多かったわけです。

　しかしながら、前節での近年のメディア利用率を見てみると、インターネットは、10代、20代ではテレビよりも多く利用されているメディアであり、50代までの多くの世代でも半数以上が利用するメディアになっています。つまり、インターネットが急成長したことを加味したデジタル時代の情報流通構造をしっかり理解することが重要になります。

　もちろん、デジタル時代になっても、情報の起点となるコンテンツが非常に重要なことは変わりません。では、良いコンテンツを構築したとして、次に考えるべきアプローチはどのようなものになるでしょうか。

　デジタル上での情報流通には大きくは二つのアプローチが存在します（図表6−③）。一方は「ニュースアプローチ」で、もう一方は「ソーシャルアプローチ」です。矢印は情報の流れ、実践と点線は情報流通の強弱を表しています。

　「ニュースアプローチ」では、発信された情報コンテンツが、ストレートニュース[※1]として、「ニュース系メディア」から「ポータルサイト」、そして「テレビ番組などのマスメディア」に拡散されていきます。

「ソーシャルアプローチ」は、ソーシャルメディア上でのクチコミ獲得を狙ったアプローチです。発信された情報コンテンツは、ネット上で話題になっている情報を掲載する「ソーシャル系メディア」で取り上げられ、そして、その情報がTwitterやFacebookなどのSNSを中心とした「ソーシャルメディア」に拡散していきます。そして、「まとめメディア」によってそれらの加工され、ネット上の話題となっていきます。コンテンツ内容によっては、テレビ番組などのマスメディアにも情報が波及していきます。

デジタル時代の情報流通構造 （図表6－③）

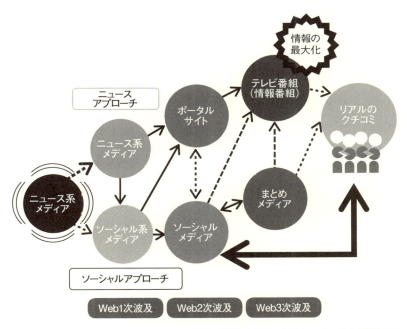

出典：電通パブリックリレーションズ資料より

※1
　キャスターの感想などがない、事実そのままのニュースのこと。

この二つのアプローチでは、流通経路（メディア）に応じた情報づくりが重要になってきます。ストレートニュースに向けた情報では、ソーシャルメディア上での広がりは大きくはありません。もう一方の「ソーシャルアプローチ」を狙うのであれば、私的で緩やかなコミュニケーションとして、たとえば、バイラル動画[※2]や面白ツイートに代表されるような柔らかい内容であったり、情緒的に語りかけたり、ソーシャルメディアに適した情報コンテンツが必要となります。

　このように、情報流通の状況に合わせた情報コンテンツづくりの設計が非常に重要になってきています。

ストーリーテリングと「自分ごと」化

　生活者にとってのメリットはなにか、メディアを有効に活用するためには、コンテクスト（＝文脈）づくりが欠かせません。それがいわゆる「ストーリーテリング」です。ストーリーといっても、PRにおけるストーリーテリングはフィクションではなく、あくまでもファクトに基づいたストーリーでなくてはなりません。事実をそのまま伝えるのではなく、生活者にとってのメリットを創出し、生活者を取り巻く生活環境や社会背景と結び付けて語りかけることで、魅力的なストーリーが生まれるのです。

　生活者へのメリットがなければ、生活者の心には響きません。PRの場合はファクトが重要なのですが、そのファクトをいろいろな角度から視点を変えてみることによって、生活者へのメリットが見えてきます。そして、そのファクトに前述の「PR IMPAKT®」の要素を

※2
　クチコミで拡散することを狙った動画のこと。

加えて、思わず周囲に伝えたくなるようなコンテンツへと付加価値を付けるのです。そうすることで、生活者はそのストーリーについて、「他人ごと」ではなく自分にも関係があること、すなわち「自分ごと」であると認識するので、企業に代わってそのストーリーを伝えるストーリーテラー（語り部）となってくれます。デジタル時代の今、ソーシャルメディアがそれを可能にしています。そして、やがてストーリーテリングの連鎖が始まることになります。

このように、自ら情報発信をしてくれる生活者＝ブランドのストーリーテラーを獲得・維持することが、マーケティングPRの成功の鍵となります。

6-5. 第6章のまとめ

・マーケティング戦略策定の初期段階からPRプランニングを

消費者分析もしっかり行い、ニーズも把握して製品・サービスの開発を行ったが、なぜか売れない、ということもあるようですが、世の中の話題やニュースにならなければ、情報量が多い現在の市場環境ではなかなか売れません。マーケティング・コンセプトを決める段階においてPRの視点があると、状況はまったく異なってきます。マーケティング戦略策定の初期段階から、①コンテンツ（情報創造）、②ディストリビューション（情報発信）、③エンゲージメント（関係構築）、という三つの観点でPRプランニングを行うことが大事です。

・第三者がレピュテーション（評判）をつくる

メディアが報道したくなる、あるいは、人が語りたくなるような状況をつくることは、レピュテーション（評判）を高めることにつなが

ります。自社の製品やサービスを、自分自身でいくら説明してもレピュテーションは生まれません。レピュテーションをつくってくれるのは、別の第三者なのです。その第三者が製品やサービスについて推奨やコメントをしてくれるのは、ビジネス的な営利関係があるからではなく、その商品やサービスに共感しているからなのです。そのためにも、日頃からのリレーション構築が必要です。

・PRではコンテンツが最も重要

マーケティングPRにおいて最も大切なのは、なにを訴求するのかということです。メディアが報道したくなる、あるいは人が語りたくなるような状況をつくるには、以下の六つの視点が重要になります。

①「Inverse」(インバース：逆説、対立構造)
②「Most」(モウスト：最上級、初、独自)
③「Public」(パブリック：社会性、地域性)
④「Actor／Actress」(アクター／アクトレス：役者、人情)
⑤「Keyword」(キーワード：キーワード、数字)
⑥「Trend」(トレンド：時流、世相、季節性)

これら六つの視点を組み合わせながら、情報コンテンツをつくり込んでいくことが、マーケティングPRでの成功の鍵を握ります。

・デジタル上のディストリビューションには二つのアプローチがある

コンテンツを流通させる方法として、ニュースリリース、記者発表会、PRイベント、メディア(新聞・雑誌・テレビなど)へのプロモートなど、マスメディアに向けた直接的な情報発信はよく知られるところです。しかし、近年はデジタル上の情報流通も非常に重要になってきており、デジタルの情報流通構造には、「ニュースアプローチ」と「ソーシャルアプローチ」という二つの大きなアプローチが存在します。それぞれの特性に合わせた情報コンテンツ設計を行う必要があります。

・**ストーリーテリングの連鎖を目指せ**

　PRはフィクションではなく、ファクトに基づいたストーリーでなくてはなりません。事実をそのまま伝えるのではなく、生活者にとってのメリットを創出し、生活者を取り巻く生活環境や社会背景と結び付けて語り掛けることで、魅力的なストーリーが生まれます。生活者へのメリットをわかりやすく伝えることが必要です。

　メリットが明確なストーリーは、「他人ごと」ではなく、自分にも関係があること、すなわち「自分ごと」であると認識されます。そして最終的には、生活者が企業に代わってそのストーリーを伝えるストーリーテラー（語り部）となってくれるのです。

<了>

第7章

インターナル・
コミュニケーション

執筆：NRIみらい 代表取締役社長
　　　柴山慎一

7-1. インターナル・コミュニケーションとはなにか？

「会社とは人を育てるところ」という考え方があります。社員は様々な経験を通じて成長し、成長のプロセスにおいて製品やサービスを生産していきます。それらの対価が売り上げや利益になっていくという考え方です。社員が社内で成長していくプロセスにおいては、様々な社内コミュニケーション活動が求められます。

また、会社にはより多くの利益を上げることも求められます。そのために、会社の方針や戦略を社員に伝え、一体感を持って生産性を高めていくことも大切です。ここでも、社内コミュニケーション活動が求められます。

デジタル時代においても、社員一人ひとりが広報・PRパーソンになることが期待されています。顧客に会っている時、社員はその会社を代表して顧客に対峙しています。マスメディアやアナリストの取材を受けている瞬間、あるいは、会社の公式ソーシャルメディアで情報を発信している時、その社員は社長に代わる会社の代表者です。これらはすべて、広報・PR活動であり、それを担う社員は会社にとって重要な広報・PRパーソンです。

社員は社内外における様々なコミュニケーション活動にかかわっており、これらの活動をマネジメントすることは重要です。会社や社員一人ひとりに関わる双方向での社内コミュニケーション活動をインターナル・コミュニケーションと言います。

第7章のポイント

- ☐ インターナル・コミュニケーションは、社員の成長を促進し、会社を成長させる。
- ☐ インターナル・コミュニケーションは、社員の生産性を高め、会社の業績を高める。
- ☐ インターナル・コミュニケーションは、社員を広報・PRパーソンとして位置付ける。

7-2. 第7章の全体像

　インターナル・コミュニケーションには六つの目的があります。これらは、社内外にかかわる六種類の連携形態によって、(図表7-①)のように整理することができます。

　一つ目の目的は、「企業理念、ビジョン、方針や経営情報の共有」で、「トップダウンのタテ連携」と位置付けられます。二つ目の目的は、「モチベーション及び企業への忠誠心の向上」で、「ボトムアップのタテ連携」と位置付けられます。三つ目の目的は、「社内横串の情報共有」、つまり「ヨコ連携」です。四つ目の目的は、「社内斜め串の情報共有」、つまり「ナナメ連携」です。五つ目の目的は、「社会に対する広報、広聴の展開」、つまり社外との連携、「ソト連携」に寄与するインターナル・コミュニケーションです。六つ目の目的は、「企業文化の醸成と伝承」で、これは、「トキ(時代)連携」とも呼べるものです。

六つの社内外連携とインターナル・コミュニケーションの目的　（図表7－①）

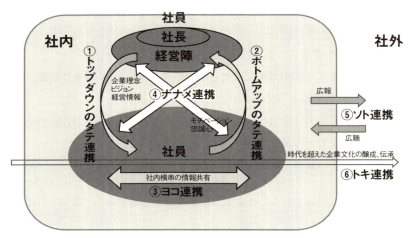

出典：著者作成

　このようなインターナル・コミュニケーションの様々な側面が機能し合って、会社の個性、つまり「らしさ」が磨き込まれていくと考えることができます。インターナル・コミュニケーションの究極の目的は、会社の「らしさ」を磨き、競争力を向上させることでもあります。

7-3. 「らしさ」を磨くインターナル・コミュニケーション

　競合会社との競争において、自社の差別化を図ることは重要です。一般的に、他社に比較して優れたところ、すなわち「らしさ」を差別化の訴求点にします。会社の「らしさ」は（図表7－②）のように磨かれていくものです。
　まず社内においては、自社の創業以来の経営者の意図や従業員

「らしさ」の社内外での磨き込み　　　　　　　　　　　（図表7-②）

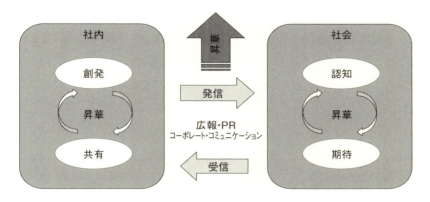

出典：著者作成

の意識によって「らしさ」がつくり込まれていきます。つまり創発されていくのです。この「らしさ」は社内の様々な活動、特にインターナル・コミュニケーション活動によって社内で共有を深め、昇華するプロセスを経ていきます。これが社内における「らしさ」の磨き込みとなります。

　一方、顧客や取引先などの社外において、その会社の「らしさ」に対する認知が高まってくると、そこに対する期待（不満の裏返しも含めて）も醸成され、広く社会の枠組みの中において昇華されるプロセスを経ていきます。これが、社会における「らしさ」の磨き込みです。会社は、事業活動やそれに伴うコミュニケーション活動を通じ、社会に対して様々な情報を発信しています。その中には「らしさ」を醸し出すものも多く、社会におけるその会社の「らしさ」に対する期待は、社内でも受信され、その期待に応えるべく「らしさ」をさらに磨いていく昇華のプロセスをたどっていきます。

このように、社内、社会における「らしさ」の昇華に加えて、社内と社会の相互作用における「らしさ」の昇華という三つの昇華プロセスを経て「らしさ」を磨き込んでいきます。この磨き込みは、「らしさ」の強化、つまり差別化訴求点の強化につながり、競争力の強化につながる結果となります。インターナル・コミュニケーションは、社内のみにとどまらず、「らしさ」の強化を通じて、社会との接点をもって推進されているものと言えます。

7-4. トップダウンのタテ連携

トップダウンのタテ連携は、インターナル・コミュニケーションの一つ目の目的、すなわち「企業理念、ビジョン、方針や経営情報の共有」のために展開されます。社長などのトップマネジメントからのコミュニケーションは、会議体などを通じたフォーマルなものと、イベントやクチコミ、社内報などを通じたインフォーマルなものとに分けて考えることができます。

経営陣などのトップマネジメントから社員に対して投げかけられるメッセージや方針、戦略、さらには売り上げや利益の実態などの経営情報を伝えることは、必須とも言える重要なインターナル・コミュニケーションになります。社員はこれらを通じて、トップの考えや企業の実態を理解し、社会との接点において広報・PRパーソンとしても機能することになります。

社長からのメッセージは、社長自身の直接的な発信で伝えられることが望まれます。企業買収や合併、大規模なリストラなどの大きな変化に直面した際に、社員の不安や疑問を払拭するためにも、社員との直接対話をするようなコミュニケーションは有効です。しかし、

社長の仕事は繁忙で、社員にのみ向かって仕事をしているわけにはいきません。社内の様々な会議体などの発信の機会をうまく活用することが重要になります。
　社内報や社内Web、社長からの社員への同報メール、メールマガジン、社長ブログなど、イントラネットも活用しながら、大切なことは何度でも繰り返して発信する努力が必要になります。

　社内報などの定期的な媒体は特に有効です。伝統的な紙媒体で制作している企業もあれば、社内のイントラネット上で社内報を展開している企業も多くなりました。社内報の形態は紙とイントラネットをうまく併用し、企業の特性を生かしながら進化しつつあります。インターナル・コミュニケーションにおいて、社内報は毛細血管のような役割を果たし、後述する社内の「ヨコ連携」の機能も担うことになります。

　トップマネジメントからすると、インターナル・コミュニケーションの目的には、「成長の視点」と「生産性の視点」とがあります。「会社とは人を育てるところ」と考えると、社員は仕事を通じた経験を積み重ねて成長し、その成長のプロセスにおいて製品やサービスを生産し、それらを世の中に提供していきます。人材を「人財」と表現する考え方に通じます。
　社員が社内で成長していくプロセスにおいては、様々なインターナル・コミュニケーション活動が求められます。社員一人ひとりの成長の集合が会社の成長そのものに通じると考えると、これは大変重要なことになります。これらが、トップマネジメントから見た「成長の視点」になります。

　また、会社にはより多くの利益を上げることも求められています。

そのために、会社の方針や戦略を社員に伝え、効率的に活動してもらうことが必要になります。全社員が一体感を持って活動し、短期的にも長期的にも効果的で効率的な活動によって生産性を高めていくことも大切です。ここでもインターナル・コミュニケーション活動が求められます。これらが、トップマネジメントから見た「生産性の視点」になります。

7-5. ボトムアップのタテ連携

　二つ目の目的、「モチベーション及び企業への忠誠心の向上」は、「ボトムアップのタテ連携」として展開されます。ボトム（末端）にいる社員からの自社に対する思いや考えをトップにまで伝えるようなインターナル・コミュニケーションとも言えます。これは、所属企業に対する誇りや忠誠心をもとに、経営に対する応援や提言、苦言を発信することからスタートします。そのうえで、社員間での共鳴をも伴って企業全体に拡散し共有され、これらの結果としてモチベーションを高めていくようなものに発展します。社員の暖かい声や厳しい声がトップにまでしっかりと届くようにしておくことが大切になります。これらは、トップマネジメントにとっては、インターナル広聴とも位置付けられます。デジタル時代においては、イントラネットの仕組みが役に立つ場面も多くなりました。

　また、トップに対する「ボトムからの社内ガバナンス」というインターナル・コミュニケーションの役割もあります。トップは社員によってガバナンスされている部分もあります。単に、内部告発の仕組みがその役割を果たしているというだけではなく、日常の社内のあらゆる場面において、社員のモチベーションを意識して事業が推進さ

れること、さらには彼らとコミュニケーションを図ることが、自然とボトムからトップが統制されることにつながっていきます。

7-6. ヨコ連携

　三つ目の目的の「ヨコ連携」は、「社内横串の情報共有」を展開するインターナル・コミュニケーションになります。社内で横断的に情報共有すべきことはたくさんあります。たとえば、ある拠点で成功した手法は他の拠点でも成功する可能性は高いものです。ある営業部が好業績で表彰された情報は他の営業部にとっては大きな刺激になり、前向きな競争心を生むきっかけにもなります。縦割りの閉鎖的になりがちな組織において、部門間連携を生み出すきっかけも、「ヨコ連携」に期待されます。このような業務面での情報共有は生産性や業績の向上につながっていきます。

　また、業務を離れたサークル活動やレクリエーション活動、社内運動会、新入社員の横顔や冠婚葬祭の情報なども、社員の一体感を生むことを通じて、風通しのよい企業風土を構築することにつながります。社員のモチベーションを高め、組織としての底力をつくり込むためにも有効なインターナル・コミュニケーションになっていきます。

　デジタル時代においては、イントラネットや社内SNSなどのバーチャルな空間での「ヨコ連携」も活用されています。多くの社員が時間的な制約の少ない環境下で活用できるインターナル・コミュニケーションとしては有効ですが、一部のヘビーユーザーの独擅場になるようなケースも散見され、上手に運用するのは決して簡単ではありません。

また、社内SNSは、その内容にトップマネジメントが触れることもあり、前述した「ボトムアップのタテ連携」につながるケースもあります。

7-7. ナナメ連携

「ヨコ連携」に階層の交わりを加えて、「ナナメ連携」と称する活動も有効です。「社内斜め串の情報共有」は、別の部の上司や先輩との交流、他の事業部門の新人や後輩との交流などを通じて、様々な気づきや新たな発想を得る機会になり得ます。直接の上司でないと、言いにくいことでも言えるというのは、世の常でしょう。

近年では、ダイバーシティ（多様性の許容）を求める会社も増えてきており、様々な社員の交流の機会が求められています。組織のタコ壺化が懸念されている会社などでは、「ナナメ連携」の場を活用することは有効です。縦横無尽のインターナル・コミュニケーションが会社の「らしさ」を磨き上げ、会社を強くするものです。タテ、ヨコに加えて、このような「ナナメ」の社内コミュニケーションの機会を活用する会社も増えてきています。

7-8. ソト連携

五つ目の目的は、「社会に対する広報、広聴の展開」、つまり社外との連携、「ソト連携」に寄与するインターナル・コミュニケーションです。社外のあらゆるステークホルダーとの接点に立つのは社

員です。日常的な顧客との接点において、顧客が感じる企業イメージの多くは、接点にいる社員が醸し出すものです。たとえば、入社を希望してくる学生にとっては、最初に出会った同じ大学のOB社員の印象がその企業に対するイメージになるものです。また、コールセンターに電話をかけてきた人は、電話のオペレーターとのやりとりで企業イメージを感じ、その会社「らしさ」を認識します。

　このように、社員一人ひとりが様々な接点で社外のステークホルダーと接しており、そこでの振る舞いや言動は非常に重要になります。そのためにも社員の巻き込みは必須であり、正社員だけでなく派遣社員やパート、代理店までをもインターナル・コミュニケーション活動のターゲットと認識することが必要になります。もちろん、グローバルで捉えた企業グループ全体を巻き込んだ活動が求められているのは言うまでもないことです。
　社員が社外の人々と接する際、その社員には会社の代表、あるいは社長の代理人としての振る舞いや発言が期待されていると言っても過言ではありません。社外との接点において、効果的な広報・PR活動を行うためにも、社員全員が会社のスポークスパーソンたることは必須です。そのような社内外からの期待に応えられるような要員としての自覚と能力を持たせるためのインターナル・コミュニケーションが求められています。

　「ソト連携」において留意すべき点は、会社の常識と社会の常識とのギャップです。会社の常識は多くの場合、社会の常識とはズレているものです。社員は日常の時間の多くを費やす社内の常識に染まっているため、社会の常識を前提にし、かつ相手の立場に合わせた振る舞いや発言ができないことがあります。たとえば、不祥事や事故が発生した際の記者会見などで、その会社特有の常識が見え隠れ

することがありますが、これはダメージコントロール上も問題です。そうならないためにも、インターナル・コミュニケーション活動を通じて、会社の常識が社会の常識とズレていることを社員に啓蒙していくことも必要になるでしょう。

7-9. トキ連携

　六つ目の目的は、「企業文化の醸成と伝承」で、これは「トキ（時代）連携」とも呼べるものです。企業文化とは、一朝一夕でつくり上げられるものではありません。過去からの一貫した企業内部での組織活動、外部との接触を通じて体感された企業への期待や要請、さらには、社員の特性をもとに自然に誘発された組織の雰囲気や仕事の進め方の癖など、トキ（時代）を超えた様々な構成要素によって企業文化は構築されています。これら伝説や絵巻物のような先祖代々引き継がれてきたものを現体制の中で共有し、それを後世に伝えていくようなインターナル・コミュニケーションは重要です。

　長い時間を経て社員の入れ替わりを通じた新陳代謝を進めつつ、その会社の「らしさ」は脈々と伝統的に引き継がれていくものです。そのためにも、トキを紡ぐような時間軸上のインターナル・コミュニケーションによって、会社の「らしさ」が磨き込まれていくと考えることもできます。このような活動を会社の周年行事として展開する会社も増えてきました。

7-10. デジタル時代に見直されつつあるインターナル・コミュニケーション

リアルのコミュニケーション

　オフィスでのコミュニケーション手段の中心が、電話から電子メールに移行し、すでに定着しています。このようなデジタル時代にこそ、リアルなコミュニケーション、face to faceの顔を突き合わせたコミュニケーションが重要になってきています。

　インターナル・コミュニケーションにおいて、今も昔も変わらず大切にされているのは、いわゆる「飲みニケーション」や雑談などのリアルなコミュニケーションの機会です。このような場での直接の情報交換は、日本企業特有の行間情報の共有や、仕事をスムーズに進めるうえでの人間関係づくり、場合によっては重要事項を前に進める根回しの場に使われることも多いものです。

　また、一時期消え去っていた社内運動会や職場旅行といったリアルのイベントの有効性が見直されつつあり、社内食堂や社員寮の充実を図ることで、デジタル時代に失われがちなものを取り戻す動きも目立つようになってきています。

　これらの動きはいずれも、インターナル・コミュニケーションの重視、特に「タテ・ヨコ・ナナメ連携」を重視した動きと捉えることができます。社員同士の顔を突き合わせたリアルでのコミュニケーションは、デジタル時代にこそ重要なものと言えそうです。

マスコミを通じたブーメラン効果

　ブーメラン効果とは、マスコミの客観性の視点と権威の力を借り、パブリシティーを通じて、社内における認知と理解を高めるような効果のことをいいます。社員にとって、社長からの直接的なメッセージや社内報の記事で目にするよりも、新聞、雑誌の記事やテレビのニュースで目にするほうが、同じ情報であっても信頼度が高く捉えられるものになります。それは、客観性のあるマスコミという権威のフィルターを通り抜けた結果として受け止められるからに他なりません。「ソト連携」とも位置付けられます。

　ただ、会社側で意図して、あるメッセージを社内で認知してもらうためにマスコミに向けて情報発信しても、それが、マスコミ側の「お眼鏡にかなう」ものでなければ記事やニュースにはなりません。

　「今日の新聞に出ていたけど、あの話は本当みたいだね」「社長がテレビで言っていたから本気だろう」というような会話が社員や取引先の間でなされることの意義は、デジタル時代においても変わらず大きいものです。

社会の期待からのブーメラン効果　　　　　　　　　　（図表7-③）

社会からの期待が社員を変える・育てる
社会からの期待が会社を変える・育てる

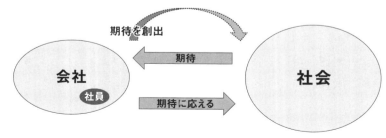

出典：著者作成

社会の期待からのブーメラン効果

　会社を取り巻く社会、ステークホルダーは、その会社に対するなんらかの「期待」を持っています。その期待を感じ取った社員は、その期待に応えようとするものです。多くの社員が、そのような行動を実践することを通じて、会社は社会の「期待」に近づき、結果として成長していくことにつながります。

　このように、社会の「期待」に応えようとする慣性が会社に存在するのであれば、会社としては、目指したい会社像を社会の「期待」の中につくり込むことを通じて、その「期待」がブーメランのように会社に返ってくることにつながります。社会の期待からのブーメラン効果が返ってくるように、社会と会社の相互作用を推進しつつ、インターナル・コミュニケーションによってその成果を定着させることを通じて、会社の「らしさ」は一層磨かれ、競争力も向上することになります。

7-11. 第7章のまとめ

・「らしさ」の磨き込み
　インターナル・コミュニケーションの究極の目的は、「らしさ」の磨き込みで、それを通じて競争力が向上します。

・インターナル・コミュニケーションの六つの目的と連携
　インターナル・コミュニケーションには、タテ（トップダウン、ボトムアップ）、ヨコ、ナナメに加えて、ソト、トキという六つの目的が

あります。それぞれがそれぞれとの連携を通じた活動を展開しています。

・デジタル時代だからこそリアルが大切
　バーチャルなコミュニケーションが多用されるデジタル時代においてこそ、社員同士が密に直接交流し、様々な情報をやりとりするリアルなコミュニケーションが大切になっています。

・二つのブーメラン効果
　マスコミを介して会社の情報が社員に返ってくるブーメラン、社会の期待が社員に、そして会社に返ってくるブーメラン。これら二つのブーメラン効果を活用することは、デジタル時代においても変わらずに大切です。

・脱「社内報担当」
　ダイバーシティー志向の社会において、女性、外国人、障害者といった様々な特性の社員を巻き込んで、会社の成長を目指していくことが求められています。今までのような単なる「社内報」担当という「アウトプット志向」の狭い領域で仕事をするのではなく、様々な個性の社員を巻き込み、組織を活性化させ「らしさ」を磨き、競争力を向上させるような、より広い「プロセス志向」の領域で、インターナル・コミュニケーションの仕事を花開かせていってほしいものです。まずは、「社内報担当」という役割名称はデジタル時代の社会からは全廃し、「インターナル・コミュニケーション担当」に進化させていくことが大切でしょう。

＜了＞

第8章

CSRと地域社会への広報活動

執筆：大正大学 地域創生学部 准教授
　　　坂本文武

8-1. CSRとはなにか？

英語では「CSR（Corporate Social Responsibility）」、日本語ではそれを訳して「企業の社会的責任」と表現されます。ここでは、「あらゆるビジネス・プロセスに社会的公正さを統合する諸活動の総称」として、CSRを定義します。CSRとその関連活動には、依然として学術界でも諸説ありますが、本書ではできる限りシンプルにそれを捉え、問題を提起していきます。

前提になる考え方は、組織という「システム」の基本と限界です（図表8－①）。企業活動は「借り物競走」です。生まれながらにして企業が保有する資源はありません。資金、労働力、土地や環境資源などすべての「INPUT」を外部に依存し、その提供者に恩返しする宿命を背負っています。環境負荷をゼロに近づけると共に、資源を提供してくれる関係者にプラスの付加価値「OUTPUT」を与えることができるか。その価値変換装置「THRUPUT」として企業が存在できるか。企業はそれを社会から問われているわけです。「信頼される企業」とは、社会から「操業する許諾（License to Operate）」を受けている、と考えることができます。

ところが、「組織のジレンマ」が、このシンプルな構図を阻害します。縦割り分業が進むと、企業活動全体の目標を見失い、いつしか数値目標（往々にして収益目標）のみを追求するようになります。「分業による弊害」です。ここに警鐘を鳴らし、適正な企業像を実現するための意識付けの活動として、CSRが注目されてきた経緯があります。その位置付けを強調するため、近年では、CSRの解釈が下記のよう

価値変換装置としての企業　　　　　　　　　　　　　（図表8 − ①）

出典：著者作成

に変化しています。

Sustain-Ability = Profit-Ability + Response-Ability

　企業が掲げる使命を果たすための「持続可能に成長する力」は、「収益力」と「社会適応力」によって構成される、という解釈です。経済的合理性だけではなく、社会的正義を加味した意思決定が、企業が持続可能に成長する源泉です。CSRのR（Responsibility）を、義務感を暗示する「責任」とするより、能動的に戦略性を持って高める「社会の変化に適応する能力」と解釈するほうが、企業経営の現場ではビジネス・プロセスを変革しやすい傾向にあります。

　ちなみに、CSV（Creating Shared Value：共有価値の創造）も類義語としてよく聞くようになりました。ここでは、CSRと比較して、より事業活動との相乗効果を強調している概念として理解して先に進みましょう。この章では、CSRの適応範囲とコミュニケーション

に当たってのポイントと留意点を記します。

> **第8章のポイント**
> - □ CSRが適応される範囲は、広くなりつつある。「影響を与え、与えられる範囲」と心得、アンテナを高く張り続ける必要がある。
> - □ CSRコミュニケーションの本質は、企業の社会適応力を高めるためのインテリジェンス機能。自社を中長期的に革新するための「社会の窓口」である。
> - □ CSRは発信するだけではなく、むしろ「対話」と「実質的な活動」を基盤にしている。共感と参加の輪を広げるための戦略的発想が求められる。

8-2. CSRの全体像

　CSRの一般的な適応範囲を確認しておきましょう。まず、CSRが登場した国際的な背景から説明します。戦後復興期において急速に企業が力をつけてきた結果として、1970年代までに急成長の副作用が深刻化しました。公害に代表される環境問題や、労働者の人権侵害、南北問題といわれた先進国と開発途上国の経済格差などです。その頃から企業の「成長の限界」が指摘され始めます。「将来の世代のニーズを充足する能力を損なうことなしに、今日の世代のニーズを満たしうるような発展」として、持続可能な発展（Sustainable Development）が提唱されたのもその頃からです。その後も、企業の経済力が増し、その活動により社会に与える影響が大きくなるにつ

れて、国連機関や各国中央政府などがCSRの概念を強調し、企業へ「社会正義」と「社会課題の解決」を求めてきました。

　その集大成として、2010年に「ISO26000」が発効されました。これは、開発途上国を含む83カ国から、政府、産業界、労働、消費者、NPO（非営利組織）などの代表者が集い、ISO（国際標準化機構）が主導して、「社会的責任」のガイドラインや活動例を詳細に示したものです。ここで押さえておきたいのは、「中核主題」という名称で示されるCSRが対象とする範囲です（図表8 − ②）。CSRの概念で再考すべき七つの領域を明示しています。つまり、企業はこれほど広範に「責任」を果たすことが期待されているということです。

<u>ISO26000におけるCSRの「中核主題」</u>　　　　　　　　　　（図表8 − ②）

出典：日本規格協会「ISO26000社会的責任に関する手引き」

企業がその活動によって影響を与える、もしくは、その活動が企業に影響を与える関係者を、ステークホルダー（利害関係者）と呼びます。ISO26000でも、ステークホルダーごとに考えるべき「責任」が提示されています。逆に言えば、全方位的に社会的公正性を加味した企業活動を期待される時代、と言えるでしょう。(図表8-③)は、それをもう少し企業活動に分解して具体的に記したものです。あくまでも一例ですが、それぞれのビジネス・プロセスにも社会的公正性が求められていることが理解できるのではないかと思います。さらに、近年では、子会社だけではなく、自社から三次先のサプライチェーン（調達先）までも、責任の範疇である、といわれています。

　2002年に、日本のゲーム装置メーカーが大規模な出荷停止に至ったのは、三次先の調達先で規制を上回る化合物が混入していたことが判明したためでした。日本では、不祥事において下請けが批判されることが多い傾向にありますが、海外では発注者責任を問う姿勢が基本です。仮に「知らなかった」と言っても、デジタル時代の現代はそれを見逃してはくれません。

　CSRの教科書を開くと、「攻め」と「守り」に範囲を規定する考え方に出会います。(図表8-③)のとおり、ビジネス・プロセスに社会的公正さを入れ込む作業は、法令や職業倫理に基づく「必須」の「守り」中心の領域と、各社が独自の判断でなにをどの程度行うのかを規定する「任意」の「攻め」の部分とがある、という考え方です。CSRも他社と「横並び」なのか「差別化」なのか、広報戦略に沿って検討していくテーマの一つとなっています。

ビジネス・プロセスにおける社会的責任（例）　　　　　（図表8－③）

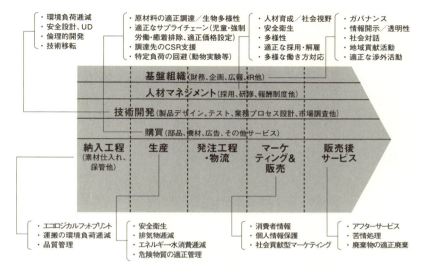

出典：Harvard Business Review, December 2006, "Strategy and Society"
論文より著者加筆・修正

8-3. CSRコミュニケーションの全体像

　CSRをどのように広報戦略の中に位置付け、どのように活用するのかは、依然として悩みの多いところです。ただ、CSRを実践し、発信する必要性という点においては、社会適応力を高めるためのインテリジェンス機能として活用する動きが目立つようになっています。さらに、社会課題を解決するための活動に共感と参加の輪を増やすことを意図した仕掛けを検討するようにもなってきました。これは、広報担当者にとっては、CC（コーポレート・コミュニケーション）の

概念で既に理解されているものです(図表8-④)。

企業広報の大家であり、本書の第1章、第2章を担当する上野征洋の解説を借りると、広報の従前タイプを「リニア型」、CCの概念を取り入れたタイプを「スパイラル型」と呼びます(上野2007)。

企業や商品への好意や理解を拡大するために、情報を提供することでステークホルダーと関係を保全する前者では、個別的・短期的により良い関係、より良い業績への貢献を志向し、経営を支えます。一方、後者では、自らを変革させ、経営体の社会価値を高めることを目的に、継続的な情報交換で多様な人々との関係を深化させ、より良い価値、より良い存在感を志向し、経営そのものを体現します。

これは二者択一の議論ではありません。しかし、どちらか一辺倒では、企業の持続的成長を果たすことができそうにないことは明ら

「経営がつくるPR」から「CCがつくる経営」へ　　　　　　　(図表8-④)

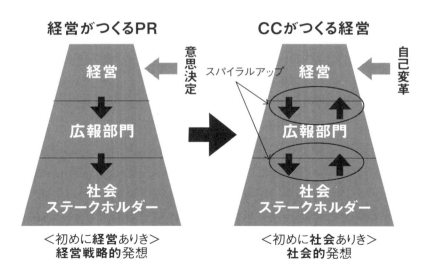

出典:上野征洋「広報とCSRの戦略化に向けて」
経済広報センター『経済広報』2007年5月号より引用加工

かです。CSRという名のもとに、社会的動向をいち早く察知し、それを自己革新のため社内で提言していく取り組みこそ、社会適応力の高い状態と言えそうです。

　たとえば、欧州における化粧品メーカーとITベンダーの取り組みを見てみましょう。以下は、内外のCSRに詳しい藤井敏彦が紹介する事例です。
　動物福祉（Animal Welfare）に先進的な欧州で、従来から動物の安楽死や人間による身勝手な"利用"に反対する動きが見られ始めた時代のこと。自社製品の安全性確認のため動物実験を続けていたメーカーの中で、将来の動物実験禁止を予測し、ITベンダーと共に、高電算コンピューターによる代替措置の技術開発及び実証実験に先駆的に取り組み、先行者利益を確保した事例があります。

　今では動物実験は廃止する規制と動きが全世界的に進んでいますが、当時としてはかなり先駆的な試みです。果たして動物福祉は当時の経営戦略部門が予測できる範疇だったでしょうか。日頃から、社会動向に詳しい有識者や市民の声を代表する活動家などとの対話、インターネットでの議論の動向などを観察し、意見交換を繰り返す活動があったからこそ、自己革新ができたのかもしれません。
　ちなみに、業績や株価とCSRに、一定の傾向を見て取る研究はありますが、そこに相関性がないとする研究もあります。また、CSRに熱心に取り組み、発信している企業でも、当然業績が悪化することや不祥事を起こすことが少なからずあることも理解しておきたいところです。

8-4. CSRをコミュニケーションする

　双方向のスパイラルアップ型コミュニケーションの基本は、ダイアログ（対話）とエンゲージメント（強い関与）です。主な流れは、先述のCCの概念に近いものがあります（図表8－⑤）。

　「戦略的テーマの選定」とは、CSR業界で「マテリアリティ（重要性）」という言葉で表現されます。財務における同じ言葉を転用し、自社が影響を与える、もしくは与えられる度合と同時に、それに取り組むことの緊急度を二軸で表現するものです。ISO 26000で示されている七つの中核主題の中で自社に少しでもかかわりのあるテーマや社会的課題を列挙して、自社にとって「マテリアル（重要）」なテーマを自社の主要部門担当者や有識者などと配置していく作業です。そのうえで、さらに深めるための対話をしながら、試行していくことになります。CSRのコンサルティングや第三者意見において先駆的に取り組むIIHOE [人と組織と地球のための国際研究所]の川北

CSRコミュニケーションの主な流れ　　　　　　　　　　（図表8－⑤）

戦略的テーマの選定 → 対話機会の創出と継続 → 試行（社会貢献からが多い） → 協力者の拡大 → 事業化の判断

出典：著者作成

秀人によると、その対話手法は（図表8－⑥）に示すように四つに区分されます。

対話する相手をどこからどのように選ぶのか。専門家に依頼をして人選をしてもらうケースのほか、公募型で幅広く意見交換をする方法があります。これまでは、企業の会議室で行われていた対話も、近年では、Webベースの議論に主戦場が移りつつあります。イントラネットによって全世界から全社員が参加できる対話の場を設けている会社もあります。

いずれにしても、CSRコミュニケーションでは、継続的な「社会との対話」を基本とします。「対話機会の創出と継続」とは、先述のCCとしての広報を実践する在り方であり、社会的課題や社会動向

ダイアログの手法 （図表8－⑥）

	クローズド(特定)	オープン(開放)
継続的	特定個人と継続的な対話をする。学習効果で深みのある議論ができるほか、取り組みの進捗を監視し、次の課題を共有できる。メンバーやテーマの偏りが発生する可能性あり。	広い対象者と幅広いテーマで継続的に意見交換を行う。学習効果がなく、表面的な議論になりがち。
単発的	専門知識を持つ特定個人と対話をする。知識を得ることができるほか、テーマと対象者を毎年変えて行うことができるが、議論の継続性がない。	広い対象者と単発の議論を行う。対話対象者を公募し、広く意見を求めることができるが、「知ってもらう」だけで場が終わる可能性がある。

出典：IIHOE [人と組織と地球のための国際研究所] 川北秀人による資料より

に詳しい有識者や、市民の声を代表する活動家、行政担当者などとの双方向なコミュニケーションです。広報で「インテリジェンス」情報の収集活動がこれに近いでしょう。そして、そこで見聞きした情報をもとに分析をし、さらに自社でなにか活動を起こすのか否かを検討していきます。

あとは「試行」です。これまでは戦略性があとから伴うケースが多い傾向にありましたが、これからは、ここを戦略的に実施し、社会的な議論を形成しながら、協力者を増やしていくことができるかどうかが問われるようになります。その中で、インフルエンサーや先駆的に活動をするNPOなどとの関係を構築するわけです。たとえば、化粧品メーカーによる高齢者施設でのメイクアップ・ボランティアは、始まりは純粋な慈善的な気持ちからでした。しかし、これを続けるにつけ、高齢者へのメイクがもたらす気持ちへのプラスの効果を研究としてまとめて発信すると共に、高齢者メイクのノウハウを蓄積しながら、商品開発につなげていった事例などが典型的です。

ここから派生して、たとえば、白斑対策やロービジョン（弱視）など、特性のある人への商品開発やサービスにつながっていく展開は、現代CSR的と言えるでしょう。当然、ここにはWebやSNSを通した「共感」の輪を広げる「面的なコミュニケーション」が伴っていくわけです。

8-5. CSRを発信する

とはいえ、「CSR的」な発信を社内各部署から打診されることも多くなっていることでしょう。社会性を帯びつつ、直接売り上げに貢献しない案件が振られてくることも多いかもしれません。広報担当

者として当然のことですが、やはりここでも「発信の目的はなにか」を確認しておきたいところです。

　一般的に、「CSR的」なネタはマスコミが取り上げにくいとされています。映像メディアでは、娯楽的要素か絵的に成立することを要求され、発信側のニーズとはなかなか合致しません。新聞にしても、企業・経済面や社会面での取り扱いは難しく、人物インタビューとして売り込むか、生活・文化面に雑報記事として提案するくらいしかできません。雑誌でも同じことです。「社会に良い」テーマというだけで訴求力を持つことは少ないのです。

　そこで、企業広告を打つ会社もあれば、サステナビリティ・レポート（CSR報告書）やアニュアル・レポートなどで表現することがあります。近年では、非財務的情報を主に扱うサステナビリティ・レポートと、財務情報を主に扱うアニュアル・レポートを統合した「統合報告書」が主流になりつつあります。

　これは、自社が目指す未来像を提示しながら、それに到達するための財務・非財務戦略とその経過や実績を報告するものです。これを株主総会で配布したり、社員やその家族に配布したりするようですが、今も「誰のために、なんのために作成・配布するのか」についての議論は詰め切れていないのが実情です。そして、もはや紙に印刷する必要性が薄れ、Webのみで開示・発信する企業もありますから、今一度、目的と対象を検討する必要がありそうです。

　また、当然、強弱も必要です。重要なテーマには重点を置いて取り組み、重点を置いて発信をすることが一般的です。CSRの中で、やるべきこと、いわゆる「守り」の部分は、国内外の動向を見極めながら、漏れなく、網羅的に、かつ積極的に対応します。その発信の姿勢も、網羅的です。多くの場合、自社Webサイトを中心に、ど

ような法令や倫理に、どのように対応しているのか、対応しない場合は、その理由を詳細に記述し、開示する傾向にあります。

　一方、重要なテーマ（「マテリアリティ」と呼ぶ）、「攻め」の部分については、CSR報告書や自社のCSRサイトで「特集」的に組み、その課題に取り組む必要性や意図、戦略的な目標と進捗を強調して発信する会社が多くなりました。総じて、CSRコミュニケーションの基本は、オウンドメディア（自社メディア）の活用です。そして、社員や生活者などがその活動に参加する仕組みが広がりを持つことになります。

　広報担当者が問うべくは、「誰になにを発信するのか」の前に、「なんのために発信するのか」です。「誰に」だけを考えれば、他章を参照しながら、各ステークホルダーに向けて、それぞれに用意されたツールを通して発信するだけです。しかし、「なんのために」を考えるならば、その答えは多岐にわたり、ステークホルダーとコミュニケーションツールを横断的かつ戦略的に網羅することにもなりえます。自社が問題視する社会課題を啓発することなのか、活動を広げるための協力者を増やすためなのか、社内のモチベーションを上げるためなのか、それとも新卒採用を優位に展開するためなのか。言うまでもなく、「自社の利益のために社会的テーマを帯びる」ことは、むしろ批判の対象になります。企業活動をする中で解決したい課題を掲げ、その解決に向けた協力、共感の輪を広げる発想が有用です。

　ここでよく出てくるのが、「企業ブランドを高めるため」というものです。社会貢献やエコ活動など、CSRの中でも「わかりやすい」活動は、それを積極的に発信している場合に限り、確かに生活者調査では評価されます。購買に当たっての商品選択においても、価格や品質などに続き、社会性を考慮する生活者が増えている傾向も見て

取れます。その意味では、企業ブランドの保全や価値の向上は、これまで以上に重要性を高めているのかもしれません。しかし、広報単独で形成できるものではありませんから、他部署と連携しながら構築する必要があります。当然、一朝一夕には行きませんので、段階的な発展を構想し、実施する力も要求されます。

一方、中小企業では、これを逆手にとって有利に活用しているケースが増えています。「大切にしたい会社」「ホワイト企業」などと表現され、ネット上で賞賛される会社の多くはCSR先進企業と言えるかもしれません。中小企業は様々なステークホルダーに配慮できている経営という意味で、ひずみを多く抱える大企業との対比において賞賛されやすい土壌ができています。「中小企業だからCSRに取り組む余裕はない」ではなく、無理のない公正なビジネス・プロセスを構築していることこそが、社会的正義にかなう、共感されやすい企業になっていることを理解しておきましょう。

8-6. CSRについて注意しておきたいこと

マーケティングや販促部門から、「コーズ・マーケティング」という言葉を聞くことがあるかもしれません。これは社会貢献型マーケティングのことで、寄付付き商品を購入することで、消費者と企業、NPOが一緒に社会的課題の解決に取り組もう、という試みです。

このSNS時代に気を付けたいのは、単なる「販促企画」と見なされる可能性です。寄付をするテーマに大義があるのか、寄付先は適正に活動を続けられる組織なのか、その活動に対する批判や対論はないのか、その後のモニタリングと報告の計画はあるか、なども挙

げられます。

　これは、コーズ・マーケティングに限りません。今や、企業活動の一部に、社会的な不公正が特定されるや否や、NPOやNGO（非政府組織）からの指摘やそれに起因する不買運動などが容易に全世界を巡る時代です。「安易な社会派」キャンペーンは、一つ間違えるとバッシングの対象になりますので、慎重に検討したいところです。

　同時に、発信の仕方にも注意が必要です。ステークホルダーによっては不公正と受け止められる可能性があり、文化や歴史、習慣や人種、宗教の違いに細かく配慮したコミュニケーションが要求されるようになっています。グローバルに事業を展開する企業であれば、CSR関連情報も、日本語以外に英語、中国語にしてWeb経由で発信するくらいはたしなみのうちという状況になりつつあります。日本語をそのまま翻訳しても理解してもらいづらい文化圏からの視線を取り込むような多面的な対応が、広報担当者には求められています。

　最後に、「本業がCSRである」と考える企業に所属する広報担当者は、どうすればいいのか、について簡単に言及しておきます。矛盾して聞こえるかもしれませんが、実は、これがCSRの本質に近い問いかけなのです。収益性追求一辺倒であった企業が社会に与えた「副作用」がCSRの出発点であり、組織が抱えやすいジレンマへのアンチテーゼのような役割を持つならば、「本業がCSRである」との言葉を論拠に、特別なCSRの取り組みはしなくてもいいという考え方もできるわけです。

　企業としては、社会的公正さを取り入れながら、ビジネスとしての収益力を維持もしくは強化することができればいいのであって、あえて言えば、受け手側は果たしてCSRという言葉を期待している

のか、という視点を持つことにも意味はあるはずです。
　企業として掲げる理念を実現すべく、ステークホルダーに配慮をしながら事業を展開する姿を発信することが求められているとすれば、「本業そのものがCSR」だと考えたとしても、いわゆる「CSRコミュニケーション」を不要と断じていることにはならない点に留意が必要です。いずれにしても、自社の広報戦略と整合するよう、常にCSR部門と情報交換をしながら進めることが肝要です。さらに言えば、CSR部門の活動に社内外の協力者を増やし、輪を広げるための知恵を提供し合いながら、活動そのものを一緒につくっていく姿勢が求められます。

8-7. 第8章のまとめ

- 社会から信託を請ける広報活動

　CSRコミュニケーションは、社会から「操業する許諾」を得るための信頼獲得を目的とした活動です。操業し、影響を与え、与えられる関係にある地域社会に対して、企業がどこまで配慮できるのか、が問われます。

- 「社会的責任」から「社会適応力」へ

　義務的な責任を果たすだけがCSRではありません。社会の変化を見通し、配慮した経営をするためのCC機能そのものです。社会の変化を中長期的に見通し、社内にフィードバックする機能が現代CSRに期待されています。

・ダイアログ＆エンゲージメント

　CSRコミュニケーションの基本は、対話を通した洞察と、ステークホルダー参加型の活動です。発信するだけが仕事ではありません。社内外との対話による高度な情報・意見交換と、それに基づく行動が発信力を持ちます。

・オウンドメディアによる戦略的発信

　CSRは記事ネタにはなりにくく、「良いことをやっているアピール」は押し付けにしかなりません。理念に沿った活動を掲げ、取り組み、社会的課題の解決に参加するステークホルダーを増やすことが、CSRコミュニケーションの基本です。

・各所に配慮した発信が共感を生む

　SNS時代、相手を特定した発信をしても、それ以外の立場の人も見聞きします。どの立場から見ても公正であるような配慮が必要です。拙速な社会的キャンペーンはむしろ批判を招く可能性があることにも留意しましょう。

<了>

第 9 章

成功する IR 活動

執筆：NRI みらい 代表取締役社長
柴山慎一

9-1. IRとはなにか？

　インベスターリレーションズ（以下、IR）とは、企業における株主・投資家との関係性のことを指します。企業は自社に投資するための判断材料を社外に発信し、株主・投資家はその情報に基づいて投資判断を下し、企業に資金を提供します。

　企業が必要とする経営資源のうち、カネは株式や債券といった有価証券を発行するか、あるいは銀行などからの借入金として調達されます。上場している株式会社は、資金の運用先を探索している投資家と資金の調達を計画している企業を仲介する資本市場において、有価証券を発行して資金調達することができます。その際、資金の提供者に対して、経営情報を発信することが求められます。

　一方、投資家は、企業の経営情報を入手し、その優劣を評価したうえで、自らの責任で意思決定し投資を行います。つまり、企業から発信される情報が、投資家の判断材料になっており、その情報の信頼度、精度、充実度などによって判断が左右されることになります。このような、企業から投資家に向けたIR活動は、投資家の投資判断のために、また企業の資金調達のために大変重要な活動になっており、企業と投資家との間に、長期的な信頼関係を築く活動とも言えます。

第9章のポイント
- [ ] 企業にIR活動を通じて、投資家に投資判断にたる情報を発信する。
- [ ] 投資家は、IR活動を通じて発信される情報に基づき投資判断を下す。
- [ ] 良いIR活動を通じて、企業と投資家の長期的な信頼関係が築かれる。

9-2. IRの全体像

　IRの全体像は、企業側が考えているIR活動の目標として整理することができます（図表9－①）。

　IR活動では、事業内容の理解を促進させ、投資家との信頼関係の構築を通じて、資本市場において適正な評価を受けることを目指します。適正な評価を受けることによって初めて適正な株価にすることが可能となり、スムーズで良質な資金調達につながります。これは、結果として資本コストを低減することにもなります。

　そのために最低限必要なのが、会社法や金融商品取引法などの法制度や証券取引所などが決める諸規則に則った制度的開示です。これらに加えて必要なのは、資本市場に対して、自発的な情報提供を行うことで、これらがIR活動の全体像となります。

　このようなIR活動を通じて、自社を取り巻く環境、すなわち事業機会や脅威を説明すると共に、資本市場に対して自社の特性、すな

IR活動の目標（n＝946、複数回答あり）　　　　　　（図表9－①）

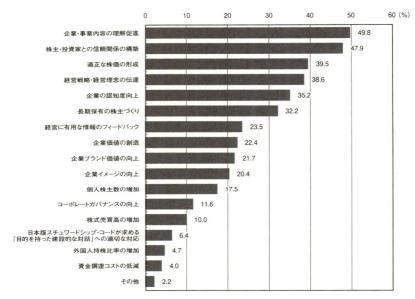

出典：IR活動の実態調査（日本IR協議会、2015年4月）

わち強みや弱みを伝え、その中で得られた過去の業績や将来に向けての戦略やその実現可能性を伝えることができます。IR活動の目標は、決して株価をむやみに高くすることではなく、適正な評価を受け、適正な水準に保つことです。その際、適正な株価を見極めることが最も重要になりますが、これが必ずしも単純ではないことがIR活動の最も難しいところです。

　理論的な株価というものは、ある前提、ある理論のもとでの算定はできるものの、現実の世界は理論の世界とは必ずしも一致しません。そのため、企業と資本市場との間のコミュニケーションが必要不可欠となり、両者間の信頼関係の醸成が求められてくるのです。

9-3. IR活動の背景にある資本の論理

　資本市場において適正な評価を受け、適正な株価を形成するためには、資本の論理、特に資本コストについて理解していることが前提となります。
　企業は、資金を提供してくれた相手に対して、それぞれの資金の性格に見合った報酬を支払わなければなりません。借入金や債券（社債）に対しては、調達時に約束した利息を支払い、返済・償還期日に元本を返還する義務があります。株式購入の対価である資本金などに対しては、「株主の期待」を超える配当と株式の値上がり益を提供することが要求されます。

　「株主の期待」とは、理論の世界では計算できるものの、現実の世界では税金の問題などもあり、正確に認識するのは難しいものです。しかし、この「株主の期待」を、企業にとっては「資本コスト」、すなわち、株主に返還すべき経済的な責任として認識し、それを意識して業績を高めることが求められます。この責任を放棄した経営をし続けると、株主からの厳しい仕打ちを受けることになり、株価の下落を通じて、企業の存続さえ危ぶまれることにもなりかねません。正確な資本コストの解説については財務の専門書に譲りますが、ここでは、「株主に対する経済的な責任」という表現で総括しておきます。IRの実務を担う立場においては、より深く理解することをお勧めします。

9-4. IRと理論株価の認識

　IR活動を推進するうえで、自社の理論株価を認識しておくことは、株主・投資家やアナリストなどとのコミュニケーションをスムーズにするうえで大切になります。

他社との比較による相対的な理論株価の算定

　アナリストが理論株価を算定する場合、多くの場合、当該企業のEPS（earnings per share＝一株当たり当期利益）をもとに、期待されるPER（price earnings ratio＝株価収益率）を掛けることで相対的な理論株価を算定することが多いようです。PERとは、株価がEPSの何倍まで買われるのが適切かを示すもので、その企業の利益成長への期待を表しています。同業者のPERの平均値や競合企業などのPERとの比較感で、当該企業のPERが過小評価されていれば株価は割安と判断され、過大評価されていれば株価は割高と判断されます。その他にも、一株当たり純資産に、株価純資産倍率PBR（price book-value ratio＝株価が一株当たり純資産の何倍まで買われているかを示す指標）を掛けることで相対的な理論株価を算定することもできます。

自社の収益力に基づく絶対的な理論株価の算定

　自社が将来に生み出すフリーキャッシュフロー（投資に必要な資金を引いた後の現金収支）を適切な割引率で現在価値に引き戻したものをもとに理論株価を算定する考え方があります。ここで使う

割引率は、資本コスト（一般的には株主資本のコストと負債のコストの加重平均）を当てはめ、将来の予想されるフリーキャッシュフローをこの資本コストで現在時点にまで割り戻し、毎期分のその値の総和を企業価値とします。さらに、そこから負債価値を除いたものを発行済み株式数で割った値が理論株価になる、という考え方です。

　資本コストが高いと、将来の予想フリーキャッシュフローを割り戻した後の現在価値が小さくなり、企業価値が小さくなることで結果としての理論株価も低くなります。よって、資本コストを低くすることが企業価値を大きくすることにつながり、IRの一つの目的にもなることが理論的に理解できます。資本コストを低くすることは当該企業に固有のリスクを小さくすることで達成でき、それは企業経営の目標にもなります。そのためにもIR活動において、資本コストを低くするように、投資家にとってのリスクを最小にするべく適切な情報開示をしていくことが重要になると理解できます。

9-5. ディスクロージャー

　IR活動を進めるうえで不可欠なのが、投資家へのディスクロージャー（情報開示）です。特に、最低限必要とされているのが、会社法や金融商品取引法などの法律に基づくもの（法定開示）と証券取引所などが定める諸規則に則ったもの（適時開示）です。この二つを制度的開示といいます。これらに加えて、IR戦略として他社と差別化できるのは、資本市場に対する自発的な情報提供（任意開示）の巧拙となります。

投資家は自己責任原則に基づいて有価証券投資を行っており、投資判断に必要十分な情報を得ることが前提となりますが、投資家の獲得できる情報には限りがあり、株式を発行する企業側に存在する幾多の情報との非対称性が存在してしまうことは仕方のないことです。IR活動とは、ディスクロージャーによって、このような「情報の非対称性」をできる限り解消することがその目的であるとも言えます。

制度的情報開示

・法定開示

　法定開示とは、会社法や金融商品取引法など、国の法律に基づいて投資家の保護を目的に行う開示制度のことです。

　会社法においては、株主の権利の保護を中心にして必要な情報開示が定められています。金融商品取引法においては、既存の株主に対してだけではなく、広く投資家に対して、詳細な情報開示をすることが求められています。

　これらの法定開示による情報は、あくまで必要最低限のものであり、投資判断をするために必要十分なものには程遠いと言っても過言ではありません。たとえば、有価証券報告書は、データは正確かつ詳細ではあっても、専門的な内容も多く分かりにくいものです。また株主総会を経てからの報告となるため、決算発表から1カ月以上経っており、適時性のある情報開示（タイムリー・ディスクロージャー）とは言えません。

・適時開示

　法定開示における適時性の不十分さを補完するのが、証券取引所の規則に基づく適時開示、タイムリー・ディスクロージャーと呼ばれるものです。たとえば、四半期ごとの決算発表や大

幅な業績予想の修正がある際の公表などが求められています。

　発表している業績予想において、売上高の10％以上、利益の30％以上の変動が予想される場合は、投資判断に大きな影響を与えると見なされ、速やかな発表が求められています。「重要事実」と定義されたことが発生した場合に速やかな発表をすることが基本になります。社内のごく一部ではあっても、このような重要事実が情報として流通している場合には、インサイダー取引の温床ともなりかねないので、速やかに発表することは、発表する企業側にとっても理にかなっています。投資家の投資判断において有効な情報は、過去の実績よりも将来の予想や計画です。将来情報の開示も重要事実として位置付けられており、業績見通しが適時開示の対象となっています。

自発的情報開示

　法定開示と適時開示といった制度的開示が情報開示のルールであるのに対して、自発的な情報開示は任意開示（ボランタリー・ディスクロージャー）とも呼ばれています。ルールに基づく制度的開示に比較して、自発的開示は自社独自で戦略・計画を構築し、活動の実践を展開できることから、IR活動の巧拙が表れやすい部分です。あくまで自発的に実施する情報提供であり、投資家との円滑なコミュニケーションを進めるために様々な施策を推進することになります。たとえば、アナリスト向けの決算説明会、会社見学会、個人投資家向けの説明会、各種ツールの開発などが、具体的な活動内容になります。

　自発的に開示する情報として、多くの投資家から望まれるものは、中期経営計画や新規事業、R＆D（研究・開発）の中身や進捗にまつわる情報などです。発表することで競争上不利になる

戦略的な情報や、取引上不利になる利益やコストなどの細分化した数値情報や、インサイダー取引規制に抵触する情報を開示する必要はありません。リスク情報の開示については、企業によってスタンスが最も異なりやすい部分です。リスク情報を開示するということは、投資家の期待に制約をもたらすものであり、それは株価の形成に対する制約にもなるため、企業側としては後ろ向きになりかねません。ただし、このような情報を前向きに開示することは、企業と投資家との長期的な信頼関係を構築し、株価の安定に寄与します。これは、結果として企業側の資本コストを低減させることにつながります。

投資家は、リスクに対するプレミアム（付加的な利益）をリターンとして求めるものであり、投資家にとってのリスクの軽減は、その見返りとして企業に対する資本コストの低減という形で還元されます。

9-6. IR活動におけるステークホルダーとの関係

IR活動では様々なステークホルダーに対峙しています。それぞれに対してどのような活動を展開するべきかについて整理しておきます。

株主

株主に対しては、年一回の定時株主総会が直接対面の機会になります。株主総会の機会を前向きに活用する企業も増えています。定時株主総会を既存株主との友好的かつ積極的なIRの場、コミュ

ニケーションの機会と考え、株主総会の参加者を自社のファンとして長期の株式保有を促す施策を講じる企業も多くなりました。

特に、長期保有の個人株主を増やすためには四半期ごと、あるいは半期ごとの直接コミュニケーション媒体である「株主通信」を充実させたり、株主優待制度を導入したりすることも、自社のファンである株主の基盤を厚くし、株式の買い増しや継続保有をしてもらうためには有効になります。

日本の上場企業において、外国人の株式保有比率が増加傾向にあります。個人も手堅い保有比率を維持していますが、いわゆる「持ち合い株式」と見られる保有比率は減少傾向にあり、株主としての意識すべき主体は構造的に変化してきています。IRでは、自社の株式保有構造の変化についても認識しておくことが大切になります。

アナリスト

IR活動の中で最も大きな比重を占めるのが証券アナリストへの対応になります。アナリストは、企業財務や会計の専門家、また資本市場における株式の価格形成に関する専門家、さらには当該業界の専門家として、企業の業績を予想し、当該企業の株式について売り、買い、あるいは保持、といった推奨を行います。企業側に存在している詳細な内部情報と一般に流通している外部情報とのギャップを、専門家としての知見をフル活用することによって埋め、資本市場におけるコンセンサスを形成する存在です。言い換えると、適正な株価形成を目指して資本市場における当該企業に対する評価のばらつきを小さくし、合理的かつ効率的な合意形成を促し、サプライズを減殺する存在です。

こうしたアナリストに対して、IR部門は決算説明会などの大規模なラージミーティング、膝を突き合わせてのディスカッションを重

視するスモールミーティング、さらには深い質疑応答と議論を重ねられる個別取材や電話・電子メールでの対応などの活動を行います。少人数のアナリストとの接点においては、特定の相手に対してのみ特定の情報を開示することのないよう注意を払う必要があります。

　デジタル時代になり、アナリストに要求されるものにも変化があります。インターネット上に存在している溢れるような情報（一次情報）に、あらゆる投資家がアクセスできるようになっていることから、単なる情報提供ではなく、情報の分析結果、その評価や解釈（二次情報）にアナリストの付加価値が求められるようになってきています。アナリストに求めるものが、コンテンツからコンテクストに変化してきているとも言えるでしょう。

機関投資家

　様々な投資家がいる中、IR活動で最も重点を置くべき対象は機関投資家です。彼らは大規模な資金運用をしているため、その動向は株価への影響力も大きく、場合によっては「物言う株主」として経営に直接的な影響力を行使しようとすることもあります。IR活動においては、機関投資家との接点づくりに注力し、彼らからの個別の取材申し込みを受けるのはもちろんのこと、こちら側からも積極的なアプローチが必要です。どのようなコミュニケーションの機会を持った場合でも、機関投資家の評価や投資行動に変化のあった場合には情報収集をして、その後のIR活動の参考にするのはもちろんのこと、経営に対するコメントをフィードバックすることも重要となります。

　機関投資家の運用している資産の多くは、外部の第三者から受託しているものであり、そこには受託者責任という大きな責任が存

在しています。この受託者責任を全うするために、機関投資家は最善の努力と注意を払って資産の運用をすることが義務付けられており、2014年からは日本版のスチュワードシップ・コード[※1]が適用され始めました。これによって、機関投資家は従来以上に投資先企業との対話を通じ、その実態を深く理解することが求められるようになりました。

個人投資家

　IR活動において、機関投資家と並んで重要視されているのが個人投資家です。特に、国内においては高齢化が進み、退職金運用マーケットが大きくなることで、彼らの動向は企業のIR活動においても無視できない状況になっています。企業間での株式のもちあいがしにくくなっている環境のもと、長期保有をしてくれる個人投資家層の中に自社のファンをつくっておくことは株主構造を安定化するために有効です。

　具体的には、個人投資家向けの会社説明会を開催したり、自社のWebサイト上に、個人投資家向けのわかりやすいコンテンツを掲載したりするなどの工夫が求められています。デジタル時代のIR活動として、特に大きく変化している部分と言えます。

マスコミ

　広く一般向けに自社の情報を伝達してくれるという意味で、マスコミはIR活動においても無視することはできません。彼らの存在は、

[※1]
　金融機関や機関投資家のあるべき姿を規定したガイダンスのこと。

個人投資家の育成という趣旨にもかなうものです。決算発表や重要事実の公表時の記者会見はもちろんのこと、社長やCFO（最高財務責任者）が直接取材に応じて決算の解説を行うことも重要です。ただし、マスコミの記者は必ずしも企業財務や決算分析に長けているわけではないので、アナリストや機関投資家とのコミュニケーションとは異なる情報開示が求められます。もちろん、公平な情報開示を遵守することは鉄則ですが、同じ内容でもその伝え方には工夫が必要になります。

　また、一般的にマスコミの記者は特ダネを取ろうとする傾向があります。企業側としてもマスコミの自由な取材活動を妨げることはできませんが、単に門戸を閉ざす姿勢ではなく、双方の利害関係を理解し合い、コンプライアンスに基づいた適正な情報提供を行う姿勢が求められます。

9-7. デジタル時代の成功するIR活動

　昨今のようなデジタル時代になって、IR活動には以前にも増して即時性が求められるようになりました。決算内容の発表や重要事実の公表は従来、ニュースリリースの投げ込みなどに頼っていましたが、現在では、証券取引所（TDnet）や金融庁（EDINET）のWebサイトへの登録で行えるようになっています。これらの企業から公表された情報は、スマートフォンなどのモバイル端末でも簡単にアクセスすることができ、投資家の手元には即時に届きます。

　また、投資家はWebサイトなどを通じ、多くの良質な情報に触れることが可能になりました。多くの投資家がアクセスしているチャネルや個人投資家のネット取引のサイトなどを意識して、従来以上に量と質の伴った情報提供が求められるようになっています。

したがって、自社のIRサイトを充実させることは不可欠になってきており、決算発表などの動画を配信する企業も増えてきました。資本市場がグローバル化していることから、これらのIRサイトを多言語対応させる必要も出てきています。

　このようなデジタル時代のIR環境の変化に伴い、投資家（特に個人投資家においてその変化が大きい）と企業との時間的、物理的、心理的な距離が縮まりつつあります。2010年以降、SNSなどを活用した双方向のIRも始まってきています。株主総会における議決権行使もインターネット上で行えるようになり、従来は権利行使していなかったような海外株主の行使率も高まり、より一層、コーポレートガバナンスを意識せざるを得ない状況になっています。

　デジタル時代だからこそ、財務数値以外の非財務情報の充実が求められてきている動きもあります。従来からある財務数値中心のアニュアルレポート（年次報告書）にCSR報告書や環境報告書の役割を包含させた「統合報告書」を発行する企業も増えています。このような動きは、企業のESG（環境、社会、ガバナンス）活動に対して、投資家の注目が集まってきていることにも影響されています。すべての上場企業に課されているコーポレートガバナンス・コードについても、IR活動において意識しておかねばならない事項となりました。

9-8. 第9章のまとめ

　IRとは、自社の商品やサービスを製品・サービス市場において顧客に売り込む活動とは異なり、企業組織全体を一つの単位として、資本市場において投資家に売り込む活動とも言えます。デジタル時代において、成功するIR活動を推進するためには、広報・PR活動の高度化とも相まって、ますます高度化していくことが求められています。

・IR活動の目標
　IR活動では、事業内容の理解を促進させ、投資家との信頼関係の構築を通じて、資本市場において適正な評価を受けることが目標とされます。これによって、適正な株価が形成されます。

・資本の論理
　株主の期待に応えるためには、「株主に対する経済的な責任」を果たさなければなりません。これが「資本コスト」となります。

・理論株価
　自社の理論株価を認識しておくことが、IR活動におけるステークホルダーとのコミュニケーションをスムーズにします。

・ディスクロージャー
　IR活動を推進するうえで、ディスクロージャーの枠組みやルールを理解しておくことが大切です。

・情報の非対称性
　株式を発行する企業側の持っている情報と、資金を投資する投資家側の持っている情報との間には、大きなギャップ、すなわち「情報の非対称性」があります。これをできる限り解消することがIR活動の目的でもあります。

・デジタル時代のIR
　従来以上に、即時性と情報の充実が求められる一方で、財務情報だけにとどまらないESG（環境、社会、ガバナンス）に代表される非財務情報の充実が求められるようになってきています。

＜了＞

第 10 章

グローバル広報

執筆：関西学院大学 国際学部 非常勤講師
　　　北村秀実
　　　広報コンサルタント
　　　城戸真木子

10-1. いま求められるグローバル広報とはなにか？

　昨今、多くの日本企業がさらなる成長を求め、海外市場に進出しています。アプローチする地域も、欧米だけでなく、BRICs、東南アジアなど多岐にわたるようになり、企業は各国での法令遵守やM&A後の企業統治を通じた企業価値向上、人材管理など、各拠点で対応すべき課題を多く抱えるようになりました。一方で、拠点や事業を横断して、グローバルに経営資源を一元化することも課題となっています。
　このような経営環境の変化を受け、広報の観点では、企業のグローバル事業戦略・目標に則して広報機能を統合化・標準化し、グローバルに統一した企業メッセージを管理することが求められています。

　「経済広報」に記載の調査によると、企業のコミュニケーション責任者（CCO）は、ここ数年でマーケティングにも重責を担ってきていることが明らかとなっています（経済広報2014）。また、それと同時に、各拠点の文化・慣習などに配慮しながら企業のブランド価値向上やレピュテーション確立・強化を進める各拠点への適合の実践も重要視されており、グローバル広報の重要度が高まっています。

　さらに、ソーシャルメディアの急速な広がりに伴い、企業は一方的にステークホルダー（従業員・消費者・政府・NGO・投資家など）をコントロールするのでなく、むしろ彼らと対話して、巻き込み、デジタル技術を使用したコミュニケーションによって良好な関係を育んでいく姿勢が求められています。このように実務が複雑で多岐にわたるようになった今、グローバル広報を具体的にどのように進め

ていけばよいのでしょうか。

　本章では、実践にあたって重要なポイント三点を中心に、デジタル時代のグローバル広報を考察していきます。

第10章のポイント

☐ 自社に適切なグローバル広報のマネジメント体制はどのようなものか

☐ グローバル広報を戦略的に実践するフレームワークとは

☐ グローバル広報施策の実施段階で、デジタル時代に留意すべき点はなにか

10-2. グローバル広報の実践

グローバル広報のマネジメント形態

　まず、コミュニケーション機能のグローバルでの組織体制を見てみましょう。グローバル広報のマネジメント形態としては、「中央集権型」「分権型」「ハイブリッド型」に大別できますが、各々に広報活動上のメリットとデメリットが存在します（図表10−①）。

　これらの特徴を理解することは、自社に適切と考えられる広報体制を構築するうえでも、グローバル広報実践時の役割分担（本社機能で行うべきこと、各拠点で行うべきこと、グローバルPRエージェンシーなど外部に委託すべきこと）を明確にするうえでも役立ちます。なお、どの形態も、各拠点に広報活動をすべて任せきるのでなく、本社が各拠点と協力体制・関係を構築することが大切です。そうすることで、グローバルな広報目標を全社で共有することや、一つの企業として「求心力」と「遠心力」を活かして、明確にまとまりあるメッセージを世界に発信することができます。これにより、各拠点の広報上の工夫や成功事例などを本社が取りまとめた「ベストプラクティス」を世界で共有することも可能になるでしょう。

グローバル広報の戦略的展開を実現するフレームワーク

　グローバル広報におけるフレームワークは、どのように考えられるでしょうか。ここではアメリカのダートマス大学教授、ポール・アルジェンティ氏が開発した枠組み（図表10−②）に沿って、グローバル広報の戦略的実行における重要なポイントを説明します。

グローバル広報のマネジメント形態例　　　　　　　　　　（図表10－①）

中央集権型	分権型	ハイブリッド型
メリット：一つの企業としてまとまりある活動を推進・管理しやすい デメリット：各拠点固有のニーズや事情に即した対応がとりづらい	メリット：各拠点のニーズや事情に柔軟かつタイムリーに対応がしやすい デメリット：本社から各拠点の状況把握やコントロールが難しい	メリット：一つの企業としてまとまりある活動を展開しながら、各拠点のニーズや事情にも柔軟に対応が可能 デメリット：社内の利害調整や報告関係が複雑になりがち

出典：『デジタル・リーダーシップ』(2010)をもとに作成

企業における戦略的コミュニケーションのフレームワーク　（図表10－②）

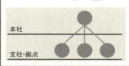

メッセージの策定・発信
- 企業はどのようにメッセージを構成・構築すべきか？
- 最良のコミュニケーション・チャネルは何か？

企業によるコミュニケーション戦略の策定
- 企業は、そのステークホルダーにどういった行動をとってもらいたいと願うのか？（戦略目標）
- 利用可能なリソースは？（資金・人材・テクノロジー・時間）
- 企業のレピュテーション（評価）はどうなのか？

ステークホルダーの分析
- 誰が企業にとってのステークホルダーか？
- 彼らは、企業に対してどういった態度をとっているか？
- 彼らは、当該事項について、どういった態度をとっているか？

ステークホルダーからの反応
- 企業が願ったとおりに、各ステークホルダーは、反応したか？
- ステークホルダーの反応に対応するべく、企業は戦略やメッセージの見直しをはかるべきか？

出典：Paul A. Argenti, "CORPORATE COMMUNICATION 7th edition" (2015)より加筆作成

・コミュニケーション戦略の策定及びステークホルダーの分析

　まずは、コミュニケーション戦略の策定についてです。企業は、自社のグローバル事業戦略や目標に則して、コミュニケーションの対象となるステークホルダーを突き止め、彼らにとってもらいたいと願う行動（自社に対する理解度向上、レピュテーション向上など）、すなわちグローバル広報戦略目標を設定します。その目標は、企業全体の戦略に根差し、計測可能であること、そしてその目標を果たすために、自社が**利用可能なリソース（資金・人材・情報テクノロジー・時間）を把握**しておくこと（経済広報 2011）が重要です。リソースのうち情報テクノロジーは、25億人がオンラインでつながっているといわれる現代において、グローバル広報の不可欠なリソースです。

　主要なステークホルダー、その彼らとソーシャルメディア上でつながっている、いわば「第三」のステークホルダーと、本社・各拠点とが常に対話できる情報テクノロジーがなにかを把握し、活用するための整備も求められています。

　リソースを把握する際、各拠点へのヒアリングも効果的です。ヒアリングは労力を要しますが、広報担当者が存在しない拠点でも、独自の地域コミュニケーション活動や社内ニュースレターの発行、地元メディアとの関係構築が行われている場合があり、本社の知らなかった各地の実態を掌握できる機会にもなります。

　また、コミュニケーションの対象となるステークホルダーが、自社及び自社がコミュニケーションしたい事柄をどの程度知っているのか、自社に対してなにを期待しているのかといったステークホルダー分析も行います。グローバル広報では、対象ステークホルダーの文化・慣習・宗教、特有のメディアの慣習や関心事、さらにコミュニケーションにおいて日本と異なる点（コラム①参照）なども理解すべきでしょう。

> **コラム①：ハイコンテクスト文化とローコンテクスト文化**
>
> 　アメリカの文化人類学者エドワード・ホールは、世界の文化の比較をコンテクスト（文脈やジェスチャーも含めた背景）の必要性の度合いで分類できるとし、「ハイ（高）コンテクスト文化」と「ロー（低）コンテクスト文化」という言葉で説明しました（ホール 1993）。
>
> 　すべての人々がそうとは限りませんが、日本や中国などの比較的コンテクストの高い文化を背景に持つ人々は、「阿吽の呼吸」や「行間を読む」というように、直接的な表現よりも状況から推察して、聞き手が語り手の思いをくむことを好む傾向にあります。
>
> 　一方でスイスやドイツなど比較的コンテクストの低い文化を背景に持つ人々は、直接的表現を好む傾向があるといわれています。
>
> 　こういった文化的背景の違いを理解しておかなければ、日本人が「言ったつもり」でも相手に伝わっていないケースが発生しかねません。
>
> 　多様性に富んだステークホルダーを対象とするグローバル広報では、それぞれのステークホルダーの置かれた文化的背景を理解し、必要な場合には、自社が伝えたいメッセージの背景やこれまでの経緯、客観的な数値データ・事例なども含めた情報（ファクト）を交えて、論理的かつ丁寧に説明することを意識して取り組むべきでしょう。

・メッセージの策定と発信

　上記で得た内容に基づき、当該ステークホルダーが自分に向けられたものとして受容しやすいメッセージを策定します。これは、グローバル広報の実践において非常に重要なプロセスです。たとえば、アメリカに進出したある老舗和菓子店は、和菓子そのものの高い品質と繊細な味わいを、ターゲットであるアメリカ人生活者にコミュニケーションしたいと考えました。しかし、小豆や寒天などを原料

とした和菓子の風味は、アメリカ人が「菓子」として平素食べているものとはまったく異質であることから、商品自体のメッセージを発信しても、アメリカ人の関心を喚起するのが難しいことが判りました。そこで同社は、ターゲット層に対し、日本の歴史に見る和菓子の伝統、すなわち日本の優美で貴族的な文化との結び付きが、長きにわたる自社の和菓子の発展を支えてきた、という歴史的背景を中心にメッセージを発信し続けました。結果、ターゲット層の関心喚起に成功し、和菓子の味わいは、アメリカ人がキャビアやエスプレッソを初めて味わった時と同様、新鮮で特別な味覚体験をもたらすものとして受容されるようになりました（アルジェンティ 2015）。このようにターゲットとなるステークホルダーに受容されやすいメッセージ内容を明確にして策定することは、デジタル時代であっても変わることのないグローバル広報の基本です。

そのうえで、誤解なく、より受容されやすいような**メッセージの構成や手法の検討**を行います。前述したハイコンテクスト文化やローコンテクスト文化などの文化的な背景や言語体系の違い、その他ターゲットとなるステークホルダーの特性を考慮し、演繹的または帰納的な文章の構造、あるいは直接的な表現、またはシンボリックな表現など、様々な手法の適切性を考えてメッセージを組み立てます。（コラム②参照）

そして、自社が伝えたいメッセージが着実に発信でき、かつ対象ステークホルダーに受容されやすい**コミュニケーション・チャネルを選定**します。当該ステークホルダーとコミュニケーションできる情報テクノロジーがなんであるかを常にアップデートし、彼らに受容されやすいコミュニケーション・チャネルをリアルとデジタルの両面から選定・活用することが期待されます。

時に、自社が選定したコミュニケーション・チャネルそのものが、

> **コラム②：ストーリーテリング＆シェアリング**
>
> 　グローバルな環境では、企業が発信するメッセージを多様なステークホルダーに受容されやすい方法で伝える工夫が求められ、その工夫として注目されているのが「ストーリーテリング」です。ストーリーテリングは、企業の最も伝えたいメッセージを、対象となるステークホルダーの興味・関心・ニーズに合わせた物語（ストーリー）にして発信する手法です。
>
> 　効果的なストーリーは、対象となるステークホルダーにとって、より記憶に残りやすい、自ら気づきを得やすい、その場限りではなく持続的に関与していきやすい、対話のきっかけになって伝播されやすいといったメリットがあるといわれています。
>
> 　ストーリーテリングでは、こういったストーリーが持つ特性を活かして、受け手となるステークホルダーがメッセージに共感しやすくなり、メッセージを他人事として受け流すのではなく、「自分ごと」として捉えることを狙います。そして最終的に、彼らが自らの意識・態度を変容、または新たな行動を引き起こすことを促します。

　対象ステークホルダーにとって、メッセージになりうることへの配慮も必要です。たとえば、ある航空会社では、悪天候による運航トラブルに対する今後の見通しや経営幹部による謝罪メッセージを、テレビのニュース情報番組にCEOを出演させたり、新聞広告を打つことで、繰り返し丁寧に発信していました。しかし、ステークホルダーの多くが活用しているソーシャルメディア上での対応が立ち遅れたため、たちまち企業としてのレピュテーションを失い、その株価にも大きな影響が及んだといわれています（アルジェンティ 2015）。

　このように、グローバル広報ではメッセージの策定及び適切なチャネルの選択が取り組みの成否を左右すると言っても過言ではない

でしょう。

・ステークホルダーからの反応

　当初設定したグローバル広報目標が達成できているかを検証し、今後の広報活動に生かすフェーズです。効果測定方法には、グローバルな企業ブランドランキングを指標とする方法や、海外メディアへのヒアリング、報道状況分析、ソーシャルリスニング[※1]などがあり、グローバル広報目標の内容に沿った最適な測定方法を選択します。南カリフォルニア大学が、米国企業の広報責任者を対象に2013年に実施した第8回GAP調査によると、約26％の企業が、広報領域の専門家から成る職能団体が推奨する標準的な評価尺度を用いて広報活動の効果測定を行っていることが明らかにされました（図表10－③）。この調査で標準的な評価尺度の主な例として挙げられているのが、米国のThe Institute for Public Relationsの提唱する

米国企業の広報責任者が用いている効果測定方法　　　　（図表10－③）

		%
1.	We use measurement and evaluation methods by our in-house communication team.	49.3
2.	We use the standard measures that have been recommended by professional organizations within the field (e.g. Institute for Public Relations).	25.9
3.	We use proprietary measures recommended by our agencies and communication consultants.	20.5
4.	We are considering adopting recommended standard measures but have not yet implemented these measures.	13.0
5.	We do not measure or evaluate public relations activeties.	11.2

出典："GAP VIII: Eighth Communication and Public Relations Generally Accepted Practices Study (Q4 2013 data)" University of Southern California (2014) http://ascjweb.org/gapstudy/wp-content/uploads/2014/06/GAP-VIII-Presentation-Final-6.12.2014.pdf

※1
　生活者がソーシャルメディアやネット上で行っている会話・行動のデータを解析すること。

ガイドラインGuidelines for Measuring Trust in Organizationsの評価尺度です。グローバル広報の評価尺度へのアプローチの1つとして、こういったガイドラインに基づく標準的な評価尺度の活用を検討することも、有意義と考えられます。

10-3. グローバル広報実施におけるポイント

ではデジタル時代のグローバル広報を具体的に進める際、どのようなことに留意すべきでしょうか。企業広報領域のうち、多くの広報担当者がグローバルでの必要性を検討するであろう「メディア・リレーションズ」「インターナル（組織内）・コミュニケーション」「オンラインニュースルーム」「危機管理広報」を例に見ていきます。

メディア・リレーションズ

　Amazon創業者による『Washington Post』の買収や、『Buzz Feed』、『Mashable』など人気を誇るニュースサイトの台頭など、デジタル時代のグローバルなメディア競争が過熱しています。グローバル広報は、こういった多様化するメディアの特性及びその影響力の変化など、最新のメディア環境を把握し、自社が重視するメディアとのリレーション構築に役立てることが求められています。
　ここでは、メディア・リレーションズの中でも基本となる英文リリースについて、デジタル時代にどう対応すべきか考察します。

・より基本に忠実に
　デジタル時代は、配信した英文リリースが一つの媒体に掲載され

ると、それが次々に転載され、瞬時にオンライン上で拡散されます。リリースが多言語に機械翻訳され、拡散されるケースも見られるようになりました。このような環境では、リリースに誤記などがあった場合、いったん世界に拡散してしまうと、その訂正は非常に困難です。改めて基本に忠実に、誤記や誤報、誤解を生じるような表現がないか、正確性を常に重視すべきでしょう。

・メディアごとに情報の切り口を考える

　メディアの慣習・常識、関心事は、国や地域で異なります。グローバル広報では、多様な海外メディアのニーズを捉え、情報の切り口を変えることが求められます。たとえば、『Reuters』『Bloomberg』『The Wall Street Journal』『Financial Times』など経営幹部を含むビジネスパーソン向けのメディアは、情報も大手企業の決算発表、M&Aといった世界経済に影響を及ぼす日本経済の動き（特ダネ）などを追っています。これらのメディアに取り上げられる機会はそうそうないものですが、掲載につながれば、企業のレピュテーション向上に非常に効果的です。

　一方、一般紙の場合、読者の関心事は、自分の国でなにが起きているかであり、その国における企業の参入や新商品の発表、その国の大きな話題に合わせた情報を提供できれば、記者の興味喚起につながります。また、記者がTwitterなどのソーシャルメディアを活用している場合、そこでの記者の発言や記述から、記者の得意分野や関心あるテーマなどを把握して、個別にリレーションを深めていくこともできるでしょう。

　その他、オンライン上のニュースサイトなどでは、紙面とは異なって字数に制限がなく、また動画や画像といった直感的に読者に理解されるようなデジタル・コンテンツが多用されるため、リリースも従来のように文字だけのものではなく、動画や画像、インフォグラフィ

クス（infographics）（コラム③参照）などを積極的に利用することが課題となっています。

> **コラム③：インフォグラフィクスとは**
>
> 　伝えたいメッセージを、直感的かつ視覚的な絵やグラフを活用してわかりやすく伝える手法です。
> 　経営戦略や決算状況などは、文字だけで説明すると情報量が多く、最も訴えたいメッセージが埋もれがちになります。そのような難解な説明も、インフォグラフィクスを使えば、企業の発信したいポイントをより明確に表現できます。
> 　また、ソーシャルメディアでの拡散を誘発し、メッセージがより多くのステークホルダーの目に留まるきっかけにもなります。
> 　The Holmes Report『CREATIVITY IN PR, A GLOBAL STUDY 2014』によると、PR代理店や広報担当の創造的な仕事に影響を及ぼすものとして、ストーリーテリング（86.6％）の次にvisual/image led communication（49％）が挙げられています。またビデオグラフィクスという、言語に依存せずに理解でき、かつストーリーを見せる工夫をした動画を企業が作成し、オンライン上でバズを生もうとする試みも見られます。

・ボイラープレートの挿入

　ボイラープレートとは、英文リリースの末尾に企業概要を数行で記した定型文のことです。欧米の主要企業のリリースで一般的に使われ、事業内容、証券コード、企業の受賞歴、自社グローバルサイトのURLなどを記します。新興のニュースサイトなどの海外在住記者は、日本企業の詳細を必ずしも理解しているわけでなく、多忙な彼らにとって検索する手間を省けるボイラープレートは有益な参考資料といえます。

・SEO対策も視野に入れたワイヤーサービスの利用

　海外メディアへの配信を強みとしたプレスリリース同報サービスは、海外メディアとのリレーション拡大に効果的なだけでなく、読者がオンライン上でいつでもリリースを閲覧できるという長所があります。

　また、ワイヤーサービスの提携先には大手ポータルサイトやメディア系サイトが含まれており、それらのサイトでリリースを見たステークホルダーが、そこから企業のWebサイトへ飛ぶ可能性があり、自社サイトのSEO対策（検索エンジン最適化）にもつながります。

インターナル（組織内）・コミュニケーション

　近年、従業員向けのグローバルなインターナル・コミュニケーションは、以下三点の課題解決に役立つと見られ、関心が高まっています。

- 国籍・雇用形態・価値観などにおいて多様性がある従業員の間に、連帯感、共感を形成・維持するため。
- M&A、レイオフなど経営環境などの急激な変化に際しても、従業員の不安感を軽減し、新しい経営目標に向かって前向きに仕事に取り組めるように導くため。
- 従業員の創造性を刺激し、互いに研鑽させることで、新たな競争優位を導く革新的なアイデアや事業、イノベーションを創造するため。

　これらの課題を解決する鍵は、従業員エンゲージメント（自分の仕事、同僚、上司や勤め先企業に対して抱く感情的なつながり・絆、またはそれらを高めるような働きかけ）にあるようです。

・デジタル×リアルでの対面（フェース・トゥ・フェース）コミュニケーション

　過去25年間のギャラップ、ワトソンワイアット、タワーズペリン、IABC研究財団などによる調査研究により、経営幹部やマネジャーが従業員と顔を合わせる対面コミュニケーションが従業員のモチベーションを左右することがわかりました。この結果は、従業員のエンゲージメントを醸成するうえで、経営幹部と従業員の対話集会の実施や、現場マネジャーと従業員の対話機会づくりなどが、従来からの社内報などに比べて効果的である可能性を示唆するものです。モバイルデバイスを介したコミュニケーションに長けているミレニアルズ（1980年代以降に生まれた世代）も含めた従業員が対象であれば、デジタル・コミュニケーションを活かした取り組みも視野に入れる必要があるでしょう。

　たとえば、このような事例があります。

　あるグローバル電機メーカーが、全社的に導入されたブランド戦略への理解が北米地域の現地従業員間で進んでおらず、現地従業員とマネジャー間のコミュニケーションの円滑化に課題を抱えていました。そこで、オンラインのビデオゲームを開発。ゲームは、マネジャーをリーダーとする従業員チームが、自社のブランドと関係の深い世界各地の名所旧跡を巡りながら、約1カ月間バーチャル空間で宝探しを行うというものでした。
　このゲーム終了後の従業員エンゲージメント調査では、実にマネジャーの72％がブランド戦略を推進する好ましい役割モデルとして従業員から認められるようになり、従業員の85％が自社のビジネスの未来を確信すると回答しました。ゲーム実施前より、それぞれ20％以上高く好ましい成果が得られました（アルジェンティ2010）。

・デジタル・ジャムセッションでイノベーションを生む

　インターナル・コミュニケーションにおいて、デジタルを活用して、従業員の創造性を刺激し、企業のイノベーションを促す施策も効果的です。

　ある企業では、イントラネット上から全世界数十万人の従業員を結び付けて、彼らのアイデアを声にするよう奨励するジャムセッションを2001年から開催しています。当初は、日々の業務で生まれるベストプラクティスをイントラ上に持ち寄る、従業員同士の交流を図る取り組みとして始まりました。今ではインターネット上で重要課題を自由に討議できるチャットとして、企業の変革や、従業員による社会参画型のアイデア創造などの価値を生み出す新しいインフラとなっています。

　さらに同社は、このインフラを使って、会社と従業員、従業員同士が協働する形で、ソーシャルメディアなどの新しいメディアに対応するガイドラインも策定・更新しました。同社のガイドラインは、従業員自らが手掛けて策定したため、従業員がガイドラインの公正さを信頼し、当事者意識を持ってガイドラインを遵守しているそうです。

・ソーシャルメディアも活用

　従業員のエンゲージメントを生むうえで、ソーシャルメディアの活用は欠かせません。イントラネットにソーシャルメディアの要素を組み込んだ「ソーシャルイントラネット」や、従業員がソーシャルメディア上で自社について語ることで、従業員が企業ブランド大使となってブランドイメージの向上につなげる「従業員のアンバサダー化」、CEOがLinkedInやTwitterなどの本人の公式アカウントから企業の象徴として情報を発信する「トップ広報」などです。たとえば、LinkedInは、ビジネスプロフェッショナルのためのネットワーキング・

プラットフォームとして浸透しており、海外では潜在顧客の獲得や人材のリクルートにも活用されています。

　一方で、ソーシャルメディアは、不満を持つ従業員を企業のブランドやレピュテーションを傷つける脅威に変える恐れもあります。したがって、従業員のメディア対応力やリテラシー向上への取り組み、またソーシャルメディア利用に関する社内ガイドラインの設定などの動きも出てきています。そして、忘れてはならないのは、ソーシャルメディアの台頭により、従業員が他のステークホルダーと自由につながり発言し合う、従業員以外の顔をいくつも持ったステークホルダーになったことです。

　よって、自社が行う取り組みのすべてが従業員に対するコミュニケーションだという認識を持って、様々な広報活動に取り組む姿勢が大切といえます。

オンラインニュースルーム

　欧米を中心に、グローバル企業では、自社のニュースや情報をステークホルダーに発信する「オンラインニュースルーム」や「プレスセンター」などと呼ばれる取り組みが見られます。元来、「ニュースルーム」とは自社サイト内に記者向けの情報を格納したものでしたが、「オンラインニュースルーム」は企業が自らメディアとなり、直接ステークホルダーへニュースを発信するものです。従来からの（メディア記者に自社について記事にしてもらう）メディアリレーションから進化し、自社自らがメディア企業であるという認識のもとで、様々な自社のニュースを特集記事スタイルや動画で発信する動きが進んでいます。

　たとえば、提供したコンテンツへの視聴者のコメントを、自社のソーシャルメディア上に掲載して双方向のコミュニケーションを促

すなど、視聴者であるユーザーと自社とのエンゲージメントを向上しようとするものです。自社コンテンツに注力した好例には、コカ・コーラによる「コカ・コーラ ジャーニー」やGEが個人投資家などに向けて発信する「GEレポート」などが挙げられます。

危機管理広報

・24/7体制

時差のある世界では、常時どこかの国で企業活動が行われています。また、オンライン上では炎上案件も多発しており、グローバルでの危機管理は24時間365日、常に気が抜けない状況です。オンラインメディアを含めたモニタリング体制や海外拠点と認識を一にした体制構築が喫緊の課題となっています。

・海外特有のリスクも把握

企業のグローバル化が進む中、日本では想定していなかったリスクが出現してきました。有限責任監査法人トーマツによる日本の上場企業におけるクライシスマネジメントの実態調査によれば、2003～14年において、日本の上場企業の海外子会社が3年毎に経験したクライシス件数の累計で最も多かった事項は「自然災害関連」(地震、台風、疫病など)でした。次に「製品関連」(サプライチェーン寸断、品質不良、設備事故など)、「システム関連」(サイバー攻撃、情報漏洩、ウイルス感染など)、及び「政治関連」(国際紛争、テロなど)と続きます。そして、この12年間ですべてが増加傾向にありますが、なかでも「政治関連」のクライシスを経験する企業が2012年以降増加し、2012～14年においては第一位となっています(図表10－④)。

海外子会社におけるクライシス経験数の推移 ※複数回答あり　（図表10－④）

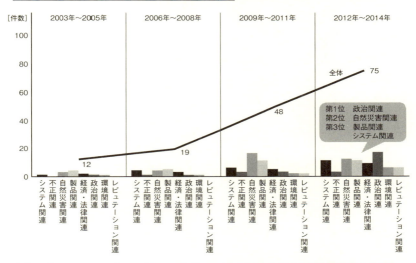

出典：プレスリリース「クライシスマネジメントに関する企業の実態調査結果を公表」
　　　有限責任監査法人トーマツ（2015年2月16日）

　これら各拠点特有の有事が発生した際に的確な行動をとるには、平素からの備えが必須です。本社と各拠点や社外の関係先をつなぐ危機管理リストの策定、想定リスクに対応するメディア・リレーションズや従業員コミュニケーションのポイント、手順、意思決定プロセスの検証、そして、リスクに基づいた訓練の実施が重要となります。また、本社広報機能は記者会見などを想定して、いざという時に誰がスポークスパーソンとなるか、想定シナリオに基づいたリリース策定、メディアトレーニングなどを実施しておく必要があります。

・イシューマネジメント
　クライシスを未然に防ぐ「イシューマネジメント」も重要です。放置しておくと将来的にリスクとなりうるイシューが発生していないかを、平素からモニタリングすれば、リスクを想定した対応を検討しやす

くなります。対象となる国・地域の主要なメディアのモニタリング、海外の法規制の最新動向のモニタリング、当該国・地域の行政・NGOなどが発信する最新レポートのモニタリングに始まり、ソーシャルメディア上で誰がどの程度自社について語っているか、またその語り手の発言の影響度なども把握します。いずれも、単に記事件数などをモニタリングするのではなく、どのような論調なのかという論調分析に重点を置きます。

また、各拠点にどのようなリスクが存在しているか、経営陣が共有する取り組みも行われています。FedExは年に一度経営幹部を本社に集め、同社にどのようなリスクやイシューが存在しているか集約し、各シナリオのもとで想定される財務への影響やビジネス継続に向けた解決方法、また自社のレピュテーションにどのような影響をもたらすのかといった議論を行っています（アルジェンティ 2015）。

10-4. 第10章のまとめ

・グローバル広報＝自社のグローバル経営戦略に沿ったコミュニケーション活動

　グローバル広報においては、広報機能を統合化・標準化して、全社でまとまりある企業メッセージを管理することと、グローバルな広報戦略を尊重しつつも、各拠点の文化・慣習などに配慮を忘れず、組織の持つ「求心力」と「遠心力」を活かして、企業経営のグローバル化を戦略的に支えることが求められています。

・広報のマネジメント形態のメリット・デメリットを知り、自社のとるべき形態を探る

　グローバル広報において、コミュニケーション機能を重視した組織体系・報告体制は必須項目です。広報のマネジメント形態は、主に「中央集権型」「分権型」「ハイブリッド型」に大別でき、それぞれのメリットとデメリットを把握したうえで、自社に適切と思われる広報体制を構築する必要があります。

・本社機能がマネジメント意識を持ってグローバルな戦略的コミュニケーションを管理

　戦略的コミュニケーションとは、経営戦略の実行に資するもので、明確なフレームワークに則って必要な調査のもと、コミュニケーション施策が実行され、その効果測定がされることを指します。また、戦略的コミュニケーションの実行においては、全社的な視点から、鳥瞰図的にそれぞれのコミュニケーションの管理が必要であり、これらのプロセスを本社機能がマネジメント意識を持って管理していくことが、グローバル広報を戦略的に実行することと言えます。

・戦略的なグローバル広報の実践において、メッセージの策定・発信は最重要項目

　メッセージの策定・発信は、グローバル広報を実践する際に要となるものです。メッセージを発信する際は、メッセージの内容と構成、コミュニケーション・チャネルの選定が重要です。また、グローバル広報では、ステークホルダーの文化的背景を理解したうえで、伝えたいメッセージの背景や経緯、客観的な数値・事例なども含めた情報を交えて、論理的かつ丁寧に説明することにも留意します。ほか、ストーリーテリング＆シェアリングなどの工夫により、ステークホルダーと企業との対話を深め、彼らのエンゲージメントを高める

ことを目指します。

・基本に忠実かつ、グローバル＆デジタル環境へ柔軟に対応を
　デジタル時代に突入したとしても、グローバル環境だとしても、誤解が生じることのない表現の正確性や、メディアごとのストーリーアングルの開発といった、従来から重要視されていたことは継続して守らなければなりません。そのうえで、企業の抱えるグローバル経営課題の解決につながるインターナル・コミュニケーション施策や、デジタル時代に即したオンラインニュースルームの開設など、時代や企業の動きに対応する柔軟性を持ったグローバル広報の実践が望まれます。

＜了＞

第 11 章

電子自治体・行政広報の要点と実務

執筆:富士通総研 経済研究所 主席研究員
榎並利博

11-1. 電子自治体の広報とはなにか？

　これまでの自治体における広報とは、広報誌などの紙媒体、あるいはテレビやラジオといった放送媒体を利用した広報が中心でした。しかし、2000年のIT基本法（正式名称は高度情報通信ネットワーク社会形成基本法）の成立により、我が国は国家戦略としてITを推進していくことが決定されました。IT講習会などを実施し、国を挙げてPCやインターネットを全国に普及させていくことになり、その結果として多くの市民の間でインターネット利用が盛んになっていきました。
　このように2000年を契機として電子政府や電子自治体の政策が推進されると同時に、国民のITリテラシー向上に伴って、自治体など行政の広報のあり方も大きく変わっていくことになりました。

　情報がデジタルデータとして伝達されるため、紙や放送のように媒体の制約にとらわれることがありません。たとえば、電子情報はPC上に文字で表示されるだけでなく、時にはプリントアウトして紙の形になり、動画や音声を送り届けることもできます。そして、携帯電話、スマートフォン（スマホ）、タブレット端末など、PC以外の情報機器にも容易に対応できるという特徴を持っています。また、いつでもどこでも低コストで情報を伝達することができます。広報誌であれば月1回、テレビであれば毎週何曜日の何時と、情報を発信するタイミングが決まっていますが、インターネットであれば瞬時に最新情報を発信することができ、市民はいつでも最新情報を入手できます。

たとえば、災害現場で職員がモバイル端末から被害状況を入力して発信することもできますし、市民がメールで災害や防犯の緊急情報を入手することもできます。市民が情報端末を保有していることが条件となりますが、自治体として用意するのはインターネットに接続した情報発信用サーバーだけであり、非常に低コストで市民に情報を提供することができます。
　さらに、様々な事情を抱えた市民にも情報提供することができます。たとえば、視覚障害者の方は従来、点字や朗読テープで情報を入手する以外に方法がありませんでしたが、電子情報であれば音声変換ブラウザーを使うことで、健常者と同時に自治体からの情報入手が可能になります。特に、高齢で失明したために点字が読めない方や、朗読テープは最後まで聞かなくてはならないという煩わしさを感じていた方にとって、Webサイトの内容を音声で読み上げるソフトは重宝されています。また、老齢の親と離れて暮らす人にとっては、親の住んでいる自治体のWebサイトがないと、介護や福祉のサービスについて調べるのに苦労することでしょう。そのほか、紙や放送の媒体は一方通行の情報提供でしたが、ITを活用すると双方向でのコミュニケーションが可能になってきます。つまり、これまで広報と広聴は別のものと捉えられがちでしたが、デジタル時代においては広報と広聴が切り離せない時代になっているのです。
　このように電子自治体広報は万能のように見えますが、ITとしての利点を持つ一方で、ITとしての弱点も持っていることに注意が必要です。

　たとえば、災害発生時など、通信ネットワークが遮断されたり、電力供給が停止したりすると、情報が提供できなくなるという弱点があります。また、サイバー攻撃などで情報発信用サーバーが狙われると、情報が発信できなくなったり、情報が書き換えられたりとい

う危険性もあります。さらに、これだけインターネットが普及している現在でも新聞やテレビは健在です。つまり、ITが便利だからといって、他の媒体存在を無視することはできないのです。

　ITの利点と弱点を踏まえ、他の媒体との使い分けをよく考え、災害時の対応やセキュリティー対策に十分な備えをしておくことが必要となります。

第11章　電子自治体広報のポイント

☐ 紙や放送といった媒体の制約にとらわれず、あらゆる媒体で情報を伝達できる。

☐ いつでもどこでも低コストで情報を伝達することができる。

☐ 様々な事情を抱える市民に情報を提供することができる。

☐ 双方向性を持つため、広報だけでなく広聴の手段としても有用である。

☐ ITの利点と弱点を踏まえ、他の媒体との使い分けを考えると同時に、災害時の対応やセキュリティー対策には十分な備えが必要。

11-2. 電子自治体広報の全体像

次に、電子自治体広報の全体像を示します（図表11-①）。前述したように、デジタル時代となってからは双方向のコミュニケーションが可能となったため、広報と広聴が不可分の関係となっています。また、双方向でコミュニケーションをするだけでなく、市民と行政が協働して活動するという動きも出てきており、「協働広報」という言葉も使われ始めています。そこで、広報を広義に捉え、広聴や市民協働も含めた形で電子自治体広報の全体像を考えていきたいと思います。

電子自治体広報の全体像　　　　　　　　　　　　　　（図表11-①）

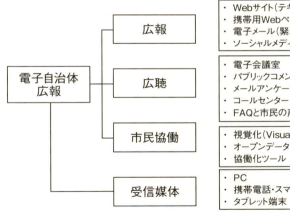

出典：著者作成

電子自治体の「広報」

電子自治体の広報で最初に取り組みが行われたのは、Webサイトによる情報の発信です。それまで自治体の情報を入手する手段としては主に広報誌しかなく、自治体の計画情報などそれ以上の情報を入手しようと思えば、自治体の窓口に出向くしかありませんでした。それを考えると、自治体のWebサイトから行政手続きや計画情報などがいつでも入手できるということは非常に画期的なことでした。

当初はWebサイトのコンテンツもテキストや画像だけでしたが、その後の技術の進展によって音声や動画も提供できるようになり、ストリーミングによる議会中継などを実施する自治体も珍しくなくなりました。また、携帯電話の普及により、いつでもどこでも情報を入手したいという市民のニーズに応えるため、携帯用Webサイトも開設されています。そして、災害や防犯など緊急情報を即時に提供するため、携帯電話のメールアドレスを登録し、緊急用電子メールを送るサービスも始まっています。

そのほか、Facebook、Twitter、YouTubeなどのソーシャルメディアと連携して、自治体の情報を提供することも行われています。

電子自治体の「広聴」

これまでもアンケート調査や「市長への手紙」などで、市民の声を行政に届ける広聴が行われてきました。しかし、インターネットの登場で意見が提出しやすくなるとともに、市民同士で意見を交換しながら自治体へ提案することも行われるようになりました。

その先駆けとなったのは、アメリカのカリフォルニア州サンタモニカ市で、パソコン通信の時代にホームレス対策を巡って市民が電

子会議室で意見交換を行い、行政へ施策の提案を行ったという事例です。その提案にはホームレスの人々の意見が取り入れられました。電子会議室であったからこそ、ホームレスであっても周囲に気兼ねなく意見を発言できたという点が注目されました。

　国内では神奈川県藤沢市の市民電子会議室が著名であり、時代と共にその姿を変えつつ、今も健在です。電子会議室の運営はその地域のこれまでの伝統や市民の意識の高さに支えられており、どこの自治体でも運営できるものではありません。一般的な自治体が利用している広聴の手段として、パブリックコメントやメールアンケートがあります。計画書などに対する市民の意見をパブリックコメントという形で電子メールなどで提出してもらう、また市民の意識を確認するために、登録した市民にメールでアンケートを送付し、電子的に回答してもらうことがよく行われています。また、大きな自治体ではコールセンターを開設して、手紙・電話・メールなどによる市民の問い合わせに回答したり、その結果をFAQ（Frequently Asked Questions）としてWebサイトで公表したりしています。

　さらに高度な使い方としては、コールセンターで収集したデータをテキストマイニング技術（データ化された文章中の言葉の出現頻度や相関、傾向、時系列などを分析し、有用な仮説や情報を導き出す解析手法）で解析する事例もあります。

市民協働

　ITが市民の間に広く普及し、広報と広聴が不可分の関係となっていくと、市民同士あるいは市民と行政が協働して活動するという動きが出てきます。2010年末から中東や北アフリカ地域で起きた「アラブの春」は、まさにソーシャルネットワークで結び付いた市民の

民主化運動でした。このように、ITで結び付いた市民と行政が力を合わせて地域課題に取り組んでいこうという方向性が「市民協働」であり、電子自治体広報の中でも比較的新しい分野です。

　市民と協働するためには、単に事実を伝えるだけでなく、理解してもらうためのわかりやすさが必要となってきます。このわかりやすさを向上させるため、ITを活用した視覚化（Visualization）が注目されています。また、市民が自分で考えるために、情報を加工しやすい形で提供するオープンデータの施策も広まりつつあります。そして、行政と市民が協働化するためのツールとして、ITが果たす役割についても注目されており、特にバージョン管理システムを協働化ツールとして使うなどの試行が行われています。

受信媒体

　電子自治体広報においては、市民が保有する受信媒体にも注意を払う必要があります。当初はPCだけを対象とした情報発信でしたが、現在では携帯電話やスマホなどのモバイル端末も普及し、タブレット端末や電子書籍端末など、様々な端末が出現しています。今後もケーブルテレビなどテレビでのインターネット利用、ウェアラブル端末など新しい技術が続々と登場することでしょう。重要なことは、新しい技術の特性を見抜き、受信媒体に応じた情報発信や使い方を心掛けることです。たとえば、携帯電話やスマホは外出や移動中でも使うことができますので緊急の情報提供に役立ちますが、大量の情報を提供する目的には向いていません。そして、スマホはアプリをダウンロードして、移動中にも使えるという特徴を持っています。

デジタル情報の受信媒体は、今後もその種類や機能が増えていくでしょう。しかし、アンケート調査をすると広報誌やテレビなども依然健在であり、年齢や性別・職業によっては電子媒体よりも広報効果が高い場合もあります。インターネットが普及しても新聞やテレビがなくならないように、広報誌やラジオもなくなることはないでしょう。それぞれの媒体の特性を生かした広報活動をしていくことが重要です。

　それでは、次に各論として、広報、広聴、市民協働の各分野において、なにが重要なポイントであり、どのような考え方で臨んでいくべきかを整理していきます。

11-3. 電子自治体広報：広報

Webサイト

　各自治体におけるWebサイトの開設が盛んだった頃は、自治体の工夫による特徴あるデザイン、独創性のある構成のものが多く見られました。最近では、Web制作を効率化したり、情報作成を各部署が担当したりするため、CMS（Contents Management System）を導入した例が目立ち、自治体ごとの特色も薄れる傾向にあります。各自治体では、よりわかりやすい情報提供を目指して、カテゴリー別やライフスタイル別に情報を分類するだけでなく、市民向け（行政手続きなど）、企業向け（調達情報など）、市外向け（観光情報など）と、求める情報が異なる対象者別に情報提供するなどの工夫を凝らしています。また、子育てサイトのように、特定の情報を熱心に入手する対象者を限定したWebサイトも開設されています。さらに、

Webサイトは自らアクセスしない限り、情報を入手することができません。そこで登録した人に対してメールマガジン（メルマガ）を発行し、最新情報のトピックスを電子メールで送付するサービスを実施している自治体もあります。

　最初の頃のWebサイトはテキストと画像による情報発信だけでしたが、技術の進展で音声や動画を使うことができるようになり、現在ではストリーミング技術を使ってリアルタイム中継を行っている自治体も珍しくありません。

　次の段階として、情報を発信するだけでなく、ユーザー登録などをすることで便利に活用できるWebサイトへと発展していきます。ユーザーIDとパスワードを発行して、市民が図書館の書籍貸出予約やテニスコートなどの施設予約をWebサイトで行うようになっています。さらに、行政手続きについても、当初は申請書のダウンロードくらいしかできませんでしたが、電子入札や電子申請も可能になってきています。まだ主な利用者が事業者であるなど限定的ですが、今後、個人番号（マイナンバー）カードの普及で公的個人認証が一般的なものになると、市民の電子申請も増えていくことが予想されます。

　地図の技術に関しては、PDFやGIS（Geographic Information System：地理情報システム）を使って都市計画図、水害ハザードマップ、交通事故発生地点マップなどの地図データをWebサイトで公開する自治体が増えています。都市計画図が公開されると、用途地域、容積率、建ぺい率などを確認するために、わざわざ窓口まで行く必要がなくなります。そのほか、ドローンを活用して空撮した動画を情報発信している例もあり、新技術への取り組みは依然として盛んな状況です。

そして、Webサイト制作において忘れてはならない点として、Webアクセシビリティがあります。前述したように、高齢で失明したために点字が読めない、あるいは朗読テープが煩わしいと感じていた視覚障害者にとって、音声読み上げブラウザーはなくてはならないものです。このソフトが正しく動作するよう、また弱視の方でも読めるように、Webサイト制作では「JISX8341-3：2010」という基準が定められています。この基準に則ったWebサイトづくりが求められます。

　最後に、オーストリアのウィーン市役所におけるWebサイト分析事例を紹介しましょう。
　（図表11−②）は、ウィーン市民がWebサイトのフォームを使って申請する場合、最終的に申請できた人は何％なのか、申請できなかった人はどこのページで断念したのかを分析している図です。

ウィーン市役所におけるWebサイト分析 　　　　　　　　　　（図表11−②）

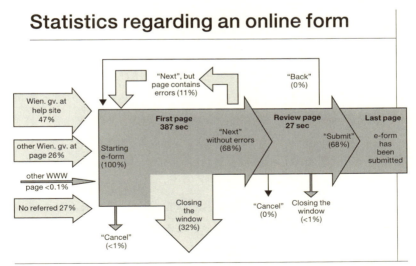

出典：「E-Government Open Government Participation」ウィーン市提供資料（2015年10月）より

この例では、確認画面までたどり着いた人はほとんど申請できているものの、確認画面へ遷移しようとしてエラーになった人が11％、最初のページで諦めてしまう人が32％もいることがわかり、ウィーン市役所はこれらの分析を通してフォームの改善を図っています。これからの日本の自治体のWebサイト改善に役立つ事例と言えるでしょう。

携帯電話用Webサイト

　携帯電話はPCとは異なり、外出中や移動中でも情報が入手できるというメリットがあります。しかし、大きなデータ量には耐えられず、多量の文書を読むことにも適していません。外出中や移動中でも即時に少量の情報を入手したいというニーズに応えるような使い方が望まれます。たとえば、少年野球などで子どもが日曜日にけがをして、近くにある休日診療の病院をすぐに探さなければならない場合、災害時の緊急情報や避難場所情報の入手などで役立っています。

　携帯電話用Webサイトは、少量のテキストデータで構成されるため、PC用とは別に制作する必要があります。また、スマホではPC用のWebサイトを見ることができますが、画面の操作がPCとは異なり、画面も見やすいとは言えないため、スマホ対応のWebサイトを準備したほうが親切です。

電子メール（緊急用）

　災害対策や防犯などの目的で緊急に情報を伝達するため、電子メールを使った情報提供の機能を備える自治体も増えてきました。事前にメールアドレスを登録してもらうことで、地震・津波情報、気象警報、防犯情報、雨量・河川水位情報、災害時緊急連絡などの情

報を迅速に伝えることができます。

ソーシャルメディア

　Facebook、Twitter、LINEなど、人と人とをつなぐSNSを利用して自治体の情報を拡散するなど、ソーシャルメディアを活用した情報発信などに取り組む自治体も増えています。流山市議会では、FacebookやTwitterを利用して議会報告会や議会中継の案内を行っており、委員会をUstreamで中継（ライブストリーミング）したり、YouTubeと連動して動画を提供したりしています。特にSNSは情報が迅速に拡散されるという特徴があり、災害情報やイベントなどで活用されています。

11-4. 電子自治体広報：広聴

電子会議室（電子掲示板）

　市民の情報リテラシーが向上すると、自治体と市民がインターネットを通して双方向で情報をやりとりすることが可能となり、電子掲示板での意見交換や電子会議が実現するだろうという期待が膨らみました。これまでの広聴では、手紙や電話を通じて市民の声を収集することしかできませんでしたが、意識の高い市民が自治体から電子的に情報を入手し、それに対して電子的に意見を提出するというキャッチボールをすれば、市民の声を生かしたより良い政策が実行できるのではないかという期待です。
　2005年度の調査では、339団体が電子掲示板を、105団体が電子

会議室を開設していましたが、現状では前述した藤沢市の市民電子会議室を除いてほとんど見られなくなってしまいました。藤沢市が現在でも続いている理由として、市民の意見を提案として取りまとめて市の施策に反映していく運営委員会の仕組みがあること、従前より地区集会を開催し、市への提案を行うという伝統があったこと、慶應義塾大学湘南藤沢キャンパスの支援があったことなどが考えられます。ITの利用においては、その地域の意識や伝統・文化なども十分考慮しなければなりません。

パブリックコメント

電子会議室はその運営の難しさが指摘されますが、一般の自治体ではより簡便な方法として、パブリックコメントを電子的に受け付ける手法を使っています。これは自治体が作成した構想や計画案をWebサイトで市民に公開し、それに対する市民の意見をWebサイトのフォームへの記入、あるいは電子メールで意見を提出してもらうという方法です。市民としては手紙を書くより手軽に意見を表明することができ、それを集約する自治体も意見を電子データとして扱えるため、多くの部署で市民の意見を共有することができます。ただし、市民が寄せたパブリックコメントに対してどのような対応をしたのかをフィードバックしないと、市民の意識も冷めていき、制度が形骸化する恐れがあります。

メールアンケート

自治体が施策を検討する場合、市民の意識を確認したいというニーズがあります。しかし、総合計画策定のように大きな予算を使ってアンケート調査をするわけにもいきません。市政モニターなどを

活用して市民の意向を確認する方法もありますが、意見が偏るという危険性もあります。そこで、登録した市民にメールでアンケートを送付し、電子的に回答してもらうことで市民の意識を確認するという方法がよく取られています。回答に協力した市民に対しては、ポイントに応じて公共施設の割引券を郵送するくらいで十分で、経費もあまりかかりません。ただし、市民が短時間で回答しやすいアンケートにする工夫が必要です。

コールセンター

　大きな自治体ではコールセンターを開設し、手紙・電話・メールなどによる市民の問い合わせ対応を行っています。アメリカではすでに1990年代後半から「311サービス」という市民向けのコールセンターサービスが開設されています。これは、犬の鳴き声やゴミの問題など、さほど緊急性を要さない内容が911番（緊急電話）に通報され、緊急電話への応対に支障が出るという問題があったために、行政全般に関する電話の窓口として311番が設置されたものです。日本でも特定の電話番号ではありませんが、市の制度や手続きなどの問い合わせのほか、施設、行事、公共交通案内など生活に関わる質問に答えるためにコールセンターが開設されています。

　札幌市では「ちょっとおしえてコール」というコールセンターを開設して、年中無休（8時00分〜21時00分）で日本語、英語、中国語、韓国語の四ヵ国語に対応、FAXや電子メールでも質問を受け付けています。また、2016年1月から始まったマイナンバー制度など、新たに開始する制度などについて、自治体が独自でコールセンターを設置するケースもよく見られるようになりました。

FAQシステムと市民の声分析

　コールセンターや広聴部署で収集した市民からの問い合わせを分析すると、市民の主な情報ニーズについて把握できるようになります。その質問と回答をあらかじめWebサイトで公開しておくと、市民もわざわざ自治体へ問い合わせをする必要がなくなります。自治体のWebサイトでは、このFAQのシステムで市民から受付けた問い合わせや意見に対する回答をWebサイト上で公開しています。

　さらに高度な使い方としては、広聴部署やコールセンターで収集したデータを庁内で共有するシステムを稼働させている自治体があります。たとえば、静岡県の浜松市では「市民の声システム」を稼働させており、「従来よりも市民の問い合わせをしっかりと聞いて正確に該当部署に転送する」ことを主な業務としています。受付けた

「市民の声システムの活用」イメージ図　　　　　　　　　　（図表11－③）

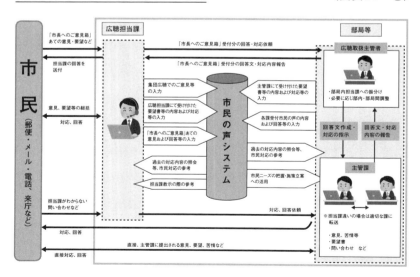

出典：『平成26年度市民の声 広聴年報No.53』浜松市

市民の声は全職員で共有できるようデータベース化され、市民への対応の参考としたり、政策立案の際の参考資料として活用したりしています。そして、これらのデータをテキストマイニング技術で分析し、政策立案へ生かすような試みも行われています。

11-5. 電子自治体広報：市民協働

　電子自治体広報において、現在最も注目されるテーマは「市民協働」です。市民がインターネットで結び付くと社会を変革するような大きな力となります。自治体もまた、市民の力を借りながら発展していく時代になりつつあると言えるでしょう。「アラブの春」以外の事例として、ドイツでは2011年にグッテンベルク事件が起きています。グッテンベルク氏は将来を嘱望されていたドイツの若手国会議員で、当時国防大臣を務めていました。その政治手腕や家柄などから圧倒的な国民の人気を集めていましたが、疑惑の発生から1カ月も経たないうちに辞任に追い込まれました。事の発端は、彼の学位論文にコピー&ペーストによる盗用部分があるという報道です。本人は盗用の事実を否定したものの、ある学生が盗用箇所を発見するために、電子プラットフォーム上での共同作業を市民に呼び掛け、結果的に論文に多くの盗用疑惑があることが明らかとなり、辞任に追い込まれたのです。

　オランダでは、警察がTwitterを使って市民から犯罪に関する情報提供を求め、官民協働による犯罪捜査を行っています。また、ヨーロッパではリビングラボ（Living Lab）という手法でイノベーションを起こそうと取り組んでいます。リビングラボとは、ある社会的な

課題の解決のために、市民・企業・行政・大学など多様なステークホルダーが参加して、新たな技術・サービス・行政施策などをつくり出していこうというものです。そのほか、市民・自治体・企業などがIT関連の資源を持ち寄って社会的な課題解決に取り組むシビックテック（Civic Tech）という活動も登場しています。ここでは特に、広報に関連する部分のみを取り上げていくことにします。

視覚化（Visualization）

　市民と協働するためには、自治体の情報をわかりやすく市民に伝えることが必要です。そのためには、難しい行政用語を言い換えるだけでなく、視覚的にも理解しやすい形で示す工夫が求められます。（図表11－④）は、「法のファクトリー」というフランスのWebサイトです。

　フランスの国会における法律の制定や改正について、各法律の審議状況が時系列のバー（バーの各色は国民議会の審議、議会中

フランスのWebサイト「法のファクトリー」(1)　　　　　（図表11－④）

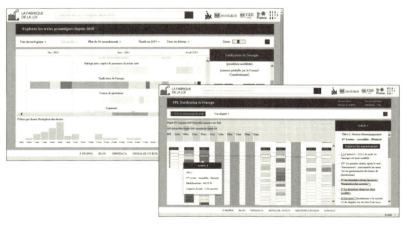

出典：http://www.lafabriquedelaloi.fr/

断、上院での審議などを示す）で視覚的に表現され、法律がどのようにつくられるのかをわかりやすく見せています。さらに、右下の図には法案の変遷が表現されています。当初、第1章は第1条と第2条だけでしたが、その後の修正で第1条から第6条まで増加していることがわかります。

　また、（図表11－⑤）を見ると、国会での議論の状況についても視覚的に表現されています。どの条文についてどこの会派の議員がどれだけ発言したかが視覚化されており、第1条については国民運動連合グループの発言がかなり多いことがわかります。そして、国民運動連合グループの部分をクリックすると、16人の議員が51556ワードの発言をしたことが表示され、それぞれの議員がどれだけの発言を行ったかも表示されています。

　このようにIT技術を活用することで、法律の制定というわかりにくいプロセスについても、視覚的にわかりやすく市民に伝えることが

フランスのWebサイト「法のファクトリー」(2)　　　　（図表11－⑤）

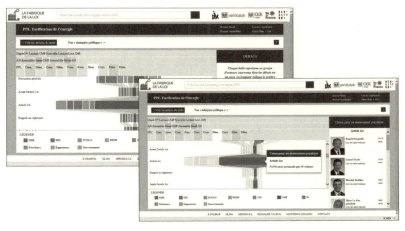

出典：http://www.lafabriquedelaloi.fr/

できます。市民協働においては、情報を公開するだけでなく、「わかりやすく伝える」ことがとても重要です。

オープンデータ

　市民協働においては、市民自らが考えることが重要になりますが、そのためには考えるための情報やデータが必要になります。電子政府および電子自治体においては、現在オープンデータの取り組みを進めています。行政が保有するデータを積極的にオープンにして、市民の社会的課題の解決やビジネスに役立ててもらおうという主旨です。

　（図表11－⑥）は神奈川県横浜市がオープンにしたデータを使って、市税がどのように使われているのかを表現したWebサイトです。扶養ありの世帯で年収が702万円の場合、「あなたの横浜市税（年間）は38万1600円」と表示され、その内訳として健康福祉、子育て・教育、経済・観光、街づくりなどの分野ごとに自分の市税がいくら使われているかが表示されます。たとえばこのケースでは、街づくりの分野では1日あたり90.77円使われており、さらにその内訳として、道路に42.78円、都市整備に41.74円、建築に6.25円使われていることがわかります。

　このようなオープンデータを使って、市民の行政に対する意識を高め、市民が社会的課題を発見し解決していくという方向性もあるということです。ITを活用した広報のあり方として、非常に参考になるのではないでしょうか。

横浜市税がどのように使われたかを示すWebサイト　　　　（図表11－⑥）

出典：http://yokohama.spending.jp/

協働化ツール

　電子自治体広報の市民協働として、これから大きな可能性を秘めているのが、ITのツールを使って市民が協働するという分野です。これまでも、市民がレポーターになって地域のニュースや動画を提供するアイデアが試行されましたが、長続きしませんでした。個人に対する過重な負担は避け、無理のない範囲で市民が協働していく形が求められます。

　千葉市では、「ちばレポ（ちば市民協働レポート）」というITを活用した市民協働事業を実施しています。道路や公園の遊具の破損など地域の課題について、市民がスマホなどの写真・動画や地図を使ってレポートすることで、市民と自治体、あるいは市民と市民の間で課題を共有し、問題を解決していこうというものです。また、一般社団法人コード・フォー・カナザワの「5374.

jp(ゴミナシ)」という市民のプロジェクトも有名です。
　このプロジェクトは、金沢市が公開しているゴミ収集リストなどのデータを使い、金沢市のゴミの出し方について簡単にわかるスマホ用Webアプリを開発しました。単に開発するだけでなく、この5374.jpのソースコードをGitHubという協働化ツールでオープンにしたことから（図表11－⑦）、全国の自治体で評判となり、今では82以上の自治体に展開されています。
　このGitHubというツールはプログラムのバージョン管理システムですが、もともとLinuxの開発で使用されたもので、ソースコードを協働で修正したり、変更履歴の管理を行ったりすることができます。公共分野における協働化ツールとしての将来性も期待されており、フランスではcivil code（民法典）をGitHub上で管理し、たとえば同性婚合法化によって条文のどの

公開された「5374.jp」アプリのソースコード　　　　　　（図表11－⑦）

出典：一般社団法人コード・フォー・カナザワ
　　（右）http://www4.city.kanazawa.lg.jp/data/open/cnt/3/20784/1/image.jpg
　　（左）https://github.com/codeforkanazawa-org/5374

部分が修正（削除・追加）されたかを明らかにする取り組みも行われています。

11-6. 第11章のまとめ

・Webアクセシビリティ
　狭義では視覚障害の方のためにJISX8341-3:2010という基準に従ってWebサイトを制作することですが、その意味をより広く捉え、他の障害あるいは様々な事情によって情報が入手できない人々にどのようにアクセスを保証するかという視点で考えていく必要があります。ウィーン市では申請手続きの分析だけでなく、Webサイトの利用者に使い勝手の良し悪しに関する評価をしてもらい、職員で共有して改善に生かしています。

・ソーシャルメディア
　産業としてのマスメディアに対して、インターネットの発展により一般の人々が情報を発信したり、共有したりする場として登場したメディアです。FacebookやTwitterなどのSNS、動画共有サービス（YouTube）、ライブストリーミング（Ustream）など、様々なサービスやツールがあります。自治体が情報発信するうえで、力強い協力者となっていくことが期待されます。

・テキストマイニング
　市民からの意見や問い合わせに対して一つひとつ対応することも重要ですが、これらの意見を収集して分析すると、自治体が抱える大きな政策課題などを把握することができます。大量のテキストデ

ータでも、テキストマイニングの技術を使うことで短時間に多角的な分析を行うことができ、市民の全体的な意識や自治体の方向性を探ることができます。

・オープンデータ

政府がビジネス利用を志向しているのに対し、自治体では地域の社会的課題を市民と共に考えるための基礎データとして使う方向性が強いと言えます。オープンデータを利用したハッカソン（ハックとマラソンの合成語）やアプリコンテストなども盛んに実施されており、自治体と市民及びプログラマーの市民協働の促進が期待されています。

・協働化ツール

プログラムのバージョン管理システムであるGitHubはもともとLinuxの開発で使用されたもので、ソースコードをオープンにすることでプログラマーが協働で修正できる仕組みになっています。市民が作成したアプリのソースコードやオープンデータをGitHubで公開する使い方がされているほか、法律や行政文書を公開・修正する使い方も試行されています。

<了>

第 12 章

危機管理広報
（対応とリスク管理）

執筆：ACE コンサルティング
　　　Executive Advisor
　　　白井邦芳

12-1. 危機管理広報とはなにか？

　日本において企業の不祥事は頻繁に発生しますが、正しく情報開示がなされる事例は意外に少ないものです。多くの場合、初動の事実認識が甘く、適切な方法で事実を裏付けていく基本姿勢に欠け、訂正報道が繰り返されているのが実情です。不祥事や危機が生じるとうわさや風評が跋扈し、信頼できるソースから裏付けられた事実との判別がつきにくい状況が一定の期間継続されます。限られた時間の中で事実のみを抽出して開示することが「危機に強い会社」の第一条件であることを認識しなければなりません。

　事実が判明すれば、正しい情報をもとに、危機発生のメカニズムが解明され、原因が明確になります。合理的な説明及び原因究明がステークホルダーの期待する二番目の条件となります。「危機に強い会社」であるためには、危機に対処する能力が要求されます。一次被害をどれだけ早期のうちに抑えられるかは、その企業の経営者の力量、社員の訓練の習熟度合い、知識レベル、専門家の有無などによって大きく影響されます。事実が判明し、原因が究明されても、責任が明確にならないことがよくあります。責任を表明しない会社はいつまでも同じ事故を繰り返し、そうした悪弊が社員の心に深く刻み込まれていきます。責任表明の有無は、株主にとって期待できる余地がその会社にまだ存在しているかどうかを確認する試金石となるのです。

　一般的に、企業のブランド劣化が生じる事例とは、事実認識が甘く、訂正報道が反復される中で発生し、原因究明や初期対応が明確にならないまま、メディアや消費者の厳しい追及に対応できず、結

第12章のポイント

☐ アクションプラン（公表までの一貫した工程管理）

　危機発生後、適切な公表をイメージして、どの段階で、どの役割・責任を担う者が、なにを目的に、どの場所で、誰に対して、どのようなアクションを、いかなる方法でとるべきかをあらかじめ明示しておく必要があり、指揮する者は、現場に混乱や議論を招くようなあいまいな指示を出すべきではない。

☐ 情報管理（情報の裏付調査と秘密保持）

　危機的事態において、視野狭窄になりやすい判断ミスを徹底的に排除し、うわさ・憶測・意見・伝聞情報などの根拠のない情報群を除外し、事実のみを抽出したうえで、漏洩対策・機密保持を維持することを徹底する。

☐ タイムマネジメント（タイムラインの徹底）

　危機管理広報では、事実確認→原因究明→是正措置→責任表明→再発防止策のような流れを展開する。時間がないからといって工程をスキップすることがあってはならない。工程の断絶はロジックに穴をあけ、ステークホルダーに対する情報開示に精彩を欠く要因となる。

☐ 選択肢の合理的分析と適時の公表

　時間の制約下で完全な情報収集がなされることは少なく、満足できるレベルまでの情報は得られない。そうした状況下では、各選択肢は解釈や判断方法でメリットとデメリットが混在し、どの選択肢がベストであるかを容易に見極めることは困難である。

　法務担当者や外部専門家を含めた分析チームがこれらの選択技を各方面から多角的に分析し、最も合理的な結論に導いて、経営陣が適時に判断、公表することが危機管理広報の最重要管理点と言える。

果として「責任表明」が「役員の引責辞任」にすり替えられる事態を意味しています。一方、「危機に強い会社」は、再発防止策の実施、プロセスの監視、運用結果の評価を手堅くこなし、「安全宣言」までを一貫して実施できる能力を有しています。

危機管理広報とは、危機直後のブランド劣化や利益の落ち込みを抑制し、適切な情報開示を継続的に発信することで、回復までの期間を短縮させ、ステークホルダーに対して「危機に強い会社」と気づかせることに他なりません。以下に危機管理広報のポイントを記載していますので確認してみてください。

12-2. 危機管理広報の全体像

危機管理広報とは、①リスクの認知、②早期発見、③事実確認、④原因究明、⑤是正措置、⑥責任表明、⑦再発防止、⑧再発防止策の運用監査、⑨事態の収束宣言、までの一貫した流れによって構成されます。危機管理広報の厄介な問題は、あらゆるステークホルダーに対して同量の情報を提供することではなく、そのステークホルダーに必要不可欠な情報を絞り込んだうえで提供することにあります。

食品リコールの場合、消費者はリコール対象品の見分け方を、メディアは企業の経営責任や損失状況を、株主は企業の危機管理能力に関する情報を見極めたいと願うはずです。したがって危機管理広報は、それぞれのステークホルダーが期待する課題に見合った情報を適切に提供することが重要になります。その意味でも危機に

真摯に向き合うためには、特に「原因究明」と「再発防止」は重要なキーワードになります。

危機管理広報の全体像 （図表12－①）

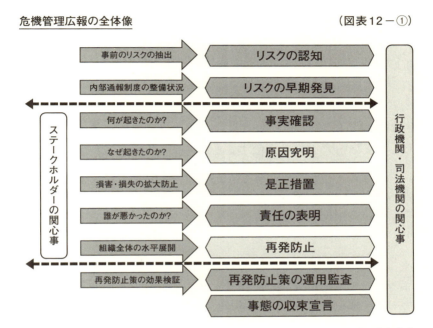

出典：著者作成

12-3. 危機管理広報における「危機」の特定

　「危機」とは単発の事故の羅列ではなく、それ自体が引き金となって同時多発的に発生する新たな危機を呼び込む起爆剤でもあります。「危機」はもともと予見されていないか、予見を超えたところで発生するもので、情報不足が常につきまといます。そのような場合、人の判断は偏りがちで、自分の意見に合致する補強的情報を過大に評価し、反証情報を過小評価する兆候が見られます。さらに、限られた情報をもとに迅速な判断を求められると、人は視野狭窄的となり、独断的結論に帰着させようとする傾向が強くなるため、誤った経営判断を下しがちになります。

　そうした状況から、危機管理組織などの指揮官は、いかなる事態にも動揺せず、自ら決定した判断に疑いを持たず、自信を持って速やかに行動に移すだけの意志の強さと力量を有する必要があります。何よりも重要なことは、どのような事態が「危機」であるかを認識し、特定し、危機的状況における情報収集、事実確認、うわさの排除、機密情報の漏洩対策など、情報周辺の的確な管理を実施することです。

12-4. 自主発表型と報道先行型

　危機管理広報対応には次の二通りが想定されます。

・自主発表型（事案について世間に知られていない場合）
・報道先行型（正式コメント前にすでに事案についての報道が先行している場合）

　どちらの場合においても実施すべき対応に違いはありませんが、準備期間の有無において大きな違いがあるため、状況に応じて適切な対応を行う必要が出てきます。以下、両者の違いについて説明します。

自主発表型（発表型報道）

　自ら公表を行うため、タイミングを選ぶことができます。公表するタイミングは事案によって異なりますが、次の点について対応した段階で実施することが望まれます。自主的に行うことができることで事実関係の報道、解説型の報道、Q&A型報道、2 Way型の報道が可能となります。また、事例によっては功を奏して一過性の報道となることも想定されます。この際、必要となるのは以下の項目です。

・事実関係の詳細把握
・関係者への対応方針の決定
・関係者への通知文書、想定質問の回答作成

しかし、行政当局の強制調査や司法当局による経営幹部の緊急逮捕などの事案の場合、迅速に公表する必要が出てきます。情報は入手できていない、または方針が決定していない中でも、公表の実施を求められる場合があり、その際は、その時点で把握・決定していることを簡潔に伝え、以降の情報開示方法（随時Webサイトや IRにて開示、次回記者会見実施時間の案内など）を伝えることにより混乱を回避することが可能となります。

報道先行型（取材型報道）

取材型報道は、告発型報道、感情型報道、キャンペーン型報道、マスコミ主導型報道、1Way型報道となります。すなわち、報道内容の真実性にかかわらず、すでに多くの人が事案について把握している状況下にあり、速やかに事実の裏付けと適切な対応をとる必要があります。事実や対応策が決定するまでの間も、報道機関や一般の方々から問い合わせが入ることが想定されるため、WebサイトやIRにおいて、「現在、事実確認を行っている」など、なんらかのキーメッセージを示すとともに、取引先への通知など、関係者対応を迅速かつバランスよく実施しなければなりません。

取材型報道では、報道が先行しているため、内部・外部の告発内容に基づき、記者が仮説をつくり、そのシナリオに沿って感情的な追及を行うなど、ある種のもくろみをもってマスコミ主導で取材が行われることが多く、取材を受ける側は防戦一方になることも少なくありません。彼らの意図とは異なる結果に帰結した場合は、何度も記者会見を要求され、仮説に沿った回答を得るまで執拗に取材が繰り返されるようなキャンペーン活動が実施されることもあります。

12-5. 危機管理広報の初期対応

　企業に問題の可能性または事実について報告がもたらされた際は、企業は発覚した問題に関連するキーワードを定め、新聞、電子媒体などにおける関連内容についてのモニタリングを速やかに実施します。その内容について評価を行い、適宜、危機管理組織に報告します。モニタリングを行う際には下記の内容を収集し、記録します。

・モニタリング実施日時
・対象媒体
・検索内容

　そして、収集された情報の中から、うわさ、伝聞情報、意見などの裏付けのない根拠希薄な情報を抽出し、除外します。不確定な情報をもとに経営判断が下された場合、結果として訂正報道を余儀なくされることになり、ブランド劣化や経営幹部の退陣に発展することにもなりかねません。内外の公表事前準備で最も重要な作業が、事実の確認作業であることを十分に認識しなければなりません。

12-6. ステートメント

　ステートメントとは、事態の経緯や事実関係について、ステークホルダーの主張・見解・要求に対する当社の方針や対応プロセスを、時系列にわかりやすく箇条書きで整理したものです。担当者や風評モニタリングにより報告される情報を集約し、次の点を含めたステートメントを作成します。

　①時系列の経緯、②把握している数字、③原因、④実施済み（または予定）の対応策、⑤実施済み（または予定）の再発防止策、⑥担当者と連絡先、⑦依頼事項、⑧社内外の調査委員会による調査進捗状況、⑨事業への影響、など。

　内外関係者に対して公表を行う際には、ステートメントの内容を基本にWebサイト掲載文書や取引先への謝罪文書など、配布対象者別の資料を各担当者が作成します。通知する事実関係（特に数字）に齟齬を生じさせないようステートメントに記載されていない事項については各担当者が追記しないよう、ステートメント配布時に注意を呼びかけることも重要です。

12-7. 従業員への通知

　問題発覚時の従業員への通知は、危機管理組織等の指示のもとで行います。これらの機関と協議の上、ステートメントの情報について従業員への公表レベルを決定します。特に、取材型報道の場合は、報道機関による従業員への取材が行われることが危機管理対応の初期段階から想定されるため、事実関係及び対応窓口の通知など、対応手順を速やかに行う必要があります。また、抗議電話が多数寄せられる可能性がある場合は、広報担当者に電話をつなぐ前にある程度の対応を求められることが想定されるため、電話対応時の注意点を関係者へ徹底します。

　なお、FAXや手紙その他の手段による抗議への対応についても、電話対応同様、直ちに広報担当者へ報告するよう指示します。従業員への通知事項は以下のようなものとなります。

通知内容

- 事実関係。
- 質問等には一切答えない。
- 電話による問い合わせは速やかに対応窓口（広報担当者）へつなぐ。
- FAXや電子メールによる問い合わせは速やかに対応窓口（広報担当者）へ送信する。

電話対応手順

- 電話主の氏名、職業、電話番号を聞き、それらを明らかにした場合のみ、電話を広報担当者へ回す。
- 氏名、職業などを明らかにしない匿名の場合は原則として対応できないことを告げる。
- 氏名、職業などを明らかにした場合でも広報担当部門へ回されることを嫌い、一方的な発言があった場合、あるいは匿名の場合は、それをよく聞き、メモを取る（ただし、電話対応で議論は一切行わない）。
- 電話の内容を直ちに広報担当者へ伝達する。

電話対応時の注意点

- 対応者の身分を明らかにする（所属部門名、氏名）。
- 相手の言い分を冷静によく聞く。
- 相手に安心感を与えるような口調を忘れない。
- コメントや弁解はしない。
- 責任を認めたり、否定したりしない。
- 非難したり、非難めいたことを言ったりしない。
- すべての情報を広報担当者へ伝達する。

12-8. 社告ドラフト

　危機管理組織などの指示のもと、社告の掲載手続きを行います。全国紙の新聞の締め切りは原則として以下のとおりであり、締め切り時間には気をつけなければなりません。

全国紙の締め切り　　　　　　　　　　　　　　　　　　（図表12－②）

対象媒体	締切時間（注））
翌日朝刊	前日正午
当日夕刊	当日13時30分
当日タブロイド紙	当日15時

（注）各新聞社により締切時間は異なる場合があり、一応の目安として表記したものです。

出典：著者作成

　締め切りに間に合わない場合、一部の地域の掲載がずれ、二日間にまたがって社告が掲載される事態が発生することもあるので注意を要します。また、事案の規模や対象となる地域などに留意し、通常は購読数の多い順に選択しますが、問題発生時の状況により社告欄の確保ができない場合もあるため、社告掲載が確定した場合は速やかに新聞社へ連絡を行います。個々の新聞社には、独自の判断基準や取り組むべきテーマ、得意な社会事件などの特性があり、過去の事例よりそれらの個々の傾向を把握したうえで、社告掲載対象としてどのメディアを採用するかを検討し、選択します。

社告と宣伝広告を同時に実施することは、企業の事件に対する反省の姿勢について大いに疑問を持たれうるため、出稿中の広告及び進行中のプロモーション活動について差し止めるべきか、期間・規模などを修正すべきかについて、担当者は危機管理組織などに指示を仰いで確認する必要があります。同様に、新規商品の対外的発表会やWebサイトでクローズアップされた宣伝広告なども同時に見直し、延期したり見せ方を緩和させたりするなど、十分に注意を払うことが求められます。ステークホルダーは会社の活動について、常に「いかがなものか？」という視点を持っていることを念頭に置いて、すべてのことを決定します。

12-9. Webサイトドラフト

　危機管理組織などの指示のもと、Webサイト上に「お知らせ」などの掲載手続きを行います。早期からお知らせメッセージを掲載していると、報道機関や一般の顧客から問い合わせが殺到してしまう可能性があります。初回の「お知らせ」メッセージの掲載は、社内において対応態勢が構築されたプレスリリースや社告掲載の直後に行うことが通例です。「お知らせ」メッセージは、Webサイト上の「ホーム」部分より閲覧できるようにリンクさせます。原因究明や是正策に関する情報は、積極的に開示し、該当問題についての企業姿勢を明確にします。なお、「お知らせ」メッセージを掲載するに当たり、Webサイト上における「祝○周年記念！」などのプロモーションに関するメッセージ掲載は自粛します。自粛対象や期間について、担当者は危機管理組織等に指示を仰いで確認します。

12-10. 報道機関対応レベル

　対象の記者クラブについては、原則としてあらかじめ選定しておき、どのメディアが記者クラブの幹事会社であるかを調べておきます。また、対応方法は次のとおり定めます。

質問と提示すべき内容

　どの広報対応を実施しても、報道機関は同じように反応し、常に以下の五点について質問します。

- なにが起きたのか　→　現状説明
- なぜ起きたのか　→　原因説明
- どう対処するのか　→　対応措置説明
- 誰の責任なのか　→　責任表明
- 再発防止策をどう取るのか　→　再発防止説明

　特に危機の当初は最初の三点に質問が集中し、これらの一つずつに的確に答えられない場合は危機がそれだけ長引き、結果的に事態を悪化させることにつながります。報道機関との対応の巧拙によってニュースのトーンも変わります。危機における世論形成の中で報道機関は重大な役割を担っている点に常に留意して対応することが求められます。

12-11. 報道機関からの個別インタビュー

　個別インタビューを求められた場合、原則としてそれに応じます。個別インタビューを実施する際は、社員と接触しにくい場所を選び、記者による社員へのインタビューや社内の写真撮影ができにくい環境を整えます。個別インタビューを受ける際は、下記の点に留意します。

① キーメッセージを明確にする
　伝えたいと思うポイント（キーメッセージ）を十分整理し、簡潔な表現でまとめ、明確に提示します。

② 推測でコメントしない
　記者の質問に対して推測で答えてはいけません。知らない場合にははっきり「知りません」と答えます。時として、インタビューを行う側はすでに答えを知っているにもかかわらず、あえて質問を行い、企業がどのように答えるかを試す場合があります。答えが推測によるものであれば、対応者の信頼性自体が疑われる結果となりうるので、十分に留意する必要があります。

③ 質問への回答はまずは結論の説明から行う
　短時間に要領よく話を進めるには、端的に結論から入ることが大切です。結論を先に出し、説明や解説をそのあとで行うことで、誤解や曲解の回避にもつながります。

④ 表現は簡潔かつ的確に。専門用語は平易な用語に置き換える
　新聞に限らず質問に対する回答は、わかりやすい表現で直接的に

簡潔に行うほうが間違いも起こりにくいものです。専門用語や必要以上の横文字は誤って解釈される恐れがあるので、使用は極力差し控えます。業界用語や社内用語の使用も最小限にとどめるべきです。最終情報の受け手である読者・視聴者は一般の人であることを念頭に置きましょう。

⑤ 正確な資料を適切に使用する
　話の内容が数字に及んだり横文字が多くなったりする可能性がある場合は、間違いを避けるために資料を使用します。グラフやイラストなども利用します。読み手の立場になってわかりやすさと正確さを心掛けます。

⑥ 原稿の締め切り時間にも配慮する
　記者は常に原稿の締め切り時間に追われています。しかし、難しい質問や複雑な質問を出された時に慌ててその場しのぎのいい加減な回答をしてはいけません。その場合には、記者に原稿の締め切り時間を聞き、それまでに十分な回答を約束するか、それができそうもない場合には、期限を切っていつまでに回答できるかを具体的に示すことが重要です。

⑦ 事例、数字、エピソードを盛り込む
　話や説明の信頼性を客観的に高めるために、できるだけ具体的な事例や数字、第三者の見解などをはさみ、伝えたいキーメッセージの信頼性を高めることが大切です。

⑧ 好ましくない、嫌な質問には別の視点から回答する
　「そのような指摘（見方）もあるかもしれませんが、私は……と思います」とか「そのような質問をよく受けますが、より重要なのは

……だと考えます」のように、別の視点で説明します。

⑨ 受け身に終わらない

受け身に終始していると、伝えるべきキーメッセージを提示する追加的なチャンスを失うことにつながります。相手の質問に答えながら「これだけは伝えたいポイント」と考える部分を適切に伝えて行くことが大切です。「ところで私は……が最も重要なことだと思います」や「繰り返しますが、……だけはお伝えしたいと思います」などの表現を用います。

⑩ ごまかしや隠蔽はしない

質問に答えたくない場合には、なぜ答えたくないかを十分に説明して記者に納得してもらう必要があります（役員会で決定していない、まだ検討段階である、司法機関・調査機関の許可が必要、など）。この場合、納得させるだけの論理的根拠を明確にすることがポイントとなります。

⑪ 記者の質問や態度に感情的にならない

記者の質問は社会の代弁質問と割り切り、多少不愉快なものであっても感情的に反発してはいけません。感情を抑制できないスポークスパーソンは、発言内容の信頼性まで疑われることになります。

⑫ オフレコの話はしない

オフレコは、そのほとんどが事実であるといっても過言ではありません。「これはオフレコですが……」と話を始めようとすると、「オフレコなら話は結構です」と断る記者さえいるので、「オフレコ」を使う必要性はありません。オフレコが許されるのは、個人のプライバシーや企業秘密など、限られた特殊事情の時に限定され、また、記者から「オフレコにしますので」と持ちかけられても原則として応じてはなりません。

12-12. 記者会見対応

　記者会見を行うに当たり、危機管理組織等の指示に従い、①会見日時、②発表内容、③想定、について確定し、準備を整えます。発表手順は次のとおりとします。

（1）　司会者が記者会見の開会を宣言
（2）　司会者が出席者を紹介
（3）　代表者がステートメントを発表
（4）　質疑応答
（5）　司会者が閉会を宣言（次回の会見が想定される場合は、その開催時間を通知）

記者会見における事前準備と事後対応の要点　　　　　（図表12－③）

（会見前）	● 会場手配時に駐車スペースの確保 ● スポークスパーソンのマスコミによる夜討ち朝駆けを回避するため宿泊先の手配 ● 記者が要求すると思われる原因物の写真撮影用製品現物陳列場所の設置 ● ミネラルウォーター（記者一人当たり２本分）を準備 ● 司会のマイクの高さ、音量の確認 ● スポークスパーソンが使うマイクの本数が足りているかを確認 ● 足下が見えないよう布などでカバーされているかを確認 ● 複数スポークスパーソンがいる場合を含め、会社名、氏名、役職をプレートまたは机に垂れ下げるような形式で明示 ● スポークスパーソン入場及び退場の場所と記者の入口とは別となるような会場を選択する ● ステートメント印刷数は会場入場予定数の3割増程度準備しておく
（会見中）	● 入場時は司会、机に座る順番に入場し、司会の挨拶及びスポークスパーソンの紹介が終わるまでは着席しない ● 謝罪の礼は短いものでも５カウント、長いもので最低 10 カウントと認識する ● ステートメント発表時は、平易な言葉を選んで、理解が深まるよう補足しながら説明する ● 質疑応答を始める際には、必ず質問者に対して会社名、氏名、部署、テレビ局の場合は番組名を明示するようお願いする ● 質疑応答を終了する際には、二～三回、「他に質問はございませんか」とプッシュを行う ● データを示す場合は、必ず「○時○分警察発表」など、出典を明示する
（会見後）	● スポークスパーソン移動用の車の手配 ● 会見の状況を把握するための論調分析資料の手配 ● 会見中に回答した Web サイトでのお知らせなどの掲出

出典：著者作成

12-13. 記者会見対応における
スポークスパーソンの心得

　スポークスパーソンは、記者会見実施の際、次の点に留意します。

・着席して発信する時は、胸と机の間をあけない（あけすぎると姿勢がふんぞり返って見えてしまい、反省の色が見られないと受け止められる）。
・立ってステートメントなどを読み上げる時は、手に原稿を持たない（手が震える可能性があり、回答に自信がないように受け止められる。立って読む場合、必ず演壇を用意しておく）
・想定問答集に頻繁に視線を落とさない（自信のなさや準備が不十分なことを印象付けてしまう）。
・マイクの存在を気にしない（特にテレビの場合、「絵」としてみっともなく落ち着きがないように映る）。
・手に筆記道具や眼鏡などを持たない（持てば必ず手を動かすようになり、落ち着きがなく心の動揺などを示すことになる）。
・ステートメントを読み上げる時は、時折全体に目をやる（落ち着いた様子と同時に、記者団に注意を払っていることを示す）。
・質問をした記者のほうを見て話す癖をつける（アイコンタクトによって丁寧かつ誠心誠意回答している印象を与えることが大切）。
・質問に対して質問で回答しない。たとえば「経営責任については？」と聞かれ、「この段階でそのような責任を問うのは記者として不適切では？　どこの記者ですか？」などと返答し、余計紛糾させる場面をつくることになりかねない。
・何度も同じような質問を繰り返され、「（間違ってもらっては困りますが）先ほどから何度もお伝えしているとおり」などと枕詞を使う

のは、記者にいらついている様子を示すだけで、なんのメリットもない。
・服装や態度に注意する（テレビの場合はより一層の注意が必要で、その「絵」を後日、繰り返し放送されることになる）。

特に服装については、細部やごく一部でさえも見ている側の印象に残らないように、目立たない格好を選択するのが鉄則です。（図表12－④）に主な注意点を挙げておきます。

<u>謝罪の記者会見での服装の注意点</u>　　　　　　　　　　　　　（図表12－④）

NG		OK
巻き髪やカラーリング（女性）	髪形	肩より長い場合は結ぶ（女性） 前髪が顔にかかる人は留めるか結ぶなどの対応を（女性）
派手な色、柄入り ダブルスーツ（前ボタンの並びが二列）	スーツ	チャコールグレーや濃紺の無地
派手な色、柄入り、 ボタンダウン、半袖	シャツ	男女とも白 男性はブロード（平織り）の無地の長袖 女性は丸首のブラウスなどで袖は短め
細いもの、無地、 光沢のある生地やシルバー色	ネクタイ	小紋柄、色はスーツに合わせてグレーか紺
ローファーなどヒモのない靴 つま先のとがったもの	靴	黒 つま先に横に一文字の縫い目の線がある「ストレートチップ」
チーフやネクタイピン ブランドが一目で分かるような腕時計	小物	腕時計と結婚指輪以外のアクセサリーは着けない 時計はシンプルで牛革の黒ベルトがベスト

出典：著者作成

12-14. 報道後の個別問い合わせに対する注意点

　報道後は、他のメディアや関係各所より問い合わせが多く寄せられます。ここでの対応も危機管理広報においては重要なポイントです。その注意点を以下にまとめます。

・可能な限り協力し、冷静に最新かつ正確な情報を提供する。
・問い合わせや取材依頼があれば、できるだけ早くそれに応じ、迅速に対応する。
・まず、基本的な質問に回答する。
・スポークスパーソンを一人に絞り、報道機関に対する情報の流れを集中化、一本化する。
・熱意を持ってコミットメントを示し、報道機関から信頼感を得る。
・説明内容は簡潔に事実のみに限定する。
・対応に当たっては自分が一市民の立場だったらなにを言ってほしいかや、なにをしてほしいかを考える。
・キーメッセージやポジションステートメント（基本方針表明）など、各種の広報対応資料を見直し、事実関係を整理して発表に備える。
・質問にその場で答えられない場合は、あとで必ず連絡し確実に回答する。
・技術的、専門的な問い合わせに対応するため、社内外の専門家を動員できる体制を整える。
・「なにが」「なぜ」という当初の質問について、できるだけ早く回答を用意する。
・報道機関に敵対的、防御的と受け取られる態度をとらない。
・逃げるような対応姿勢を見せない。

・情報の最終的な伝達対象が誰であるかを忘れない。
・あいまいかつ否定的な表現及び言葉を使わない。
・受け身に終始する回答を行わない。
・記者は常にいいネタを探しているということを忘れない。
・「ノーコメント」と言わない。

報道後モニタリングの実施と論調分析及び修正

　広報対応チームは、記者発表や個別インタビューの実施以降、新聞、雑誌、テレビ、ラジオ、ソーシャルメディアなどを対象に、報道モニタリングを開始します。報道の量的把握の一方で、報道内容の分析（事実誤認の有無や会社にとって好意的な論調か非好意的かなどを含めて）を行います。報道された内容に不正確な部分がある場合には、広報対応チーム統括責任者名（会社にとって著しい損害が考えられる場合は代表取締役社長名）で当該報道機関責任者に対して書面による通知を行うとともに、必要な場合は口頭による説明を行います。テレビ報道における誤認については、BPO（放送倫理・番組向上機構）への審理要請を検討します。他の報道機関から報道内容について確認の照会があった場合は、すでに報道された内容についての正否の検討結果に基づいて回答します。

12-15. 危険な質問の四類型

　記者会見や広報対応において、不用意に答えてしまうと危険な質問があります。次に挙げる四つのタイプの危険な質問には留意し、慎重に対応するようにします。

① 仮定の質問
　結果が予測できない中で、最悪の結果を仮定した質問に答えることが、さらにリスクを高めることになる事例で、以下のような質問例があります。
　「STAP細胞が見つからなかったらどう責任を取るのか」
　この種の質問に対しては「仮定のご質問に対してお答えすることは、（誤認を与える危険性もありますので）控えさせていただきます」と回答することが望ましいと思われます。

② 二者択一の質問
　現段階で情報不足により経営判断ができない質問に答えてしまうことにより、経営陣が追いつめられてしまう結果を招く事例で、以下のような質問例があります。
　「リコールに応じるのか、応じないのか。YesかNoか」
　この種の質問に対しては「現時点では、判断に足る情報を十分把握しておりませんので、まずは状況把握を急務として、適切な時期が来ましたら対応については速やかに判断したいと考えております」などと回答することが望ましいと思われます。

③ 評価の質問

　公表者のスタンスを明確にするための質問ですが、多くの場合、公表者の油断を突いて行われるため、消費者目線のスタンスを失念すると失言につながる事例で、以下のような質問例があります。
　「会社は被害者ですか、加害者ですか」
　この種の質問を受けること自体にリスクが存在します。記者会見が始まる前に、説明会見なのか謝罪会見なのかを慎重に判断し、スタンスにブレがないよう一貫して回答することが重要です。誤認されるような回答をしてしまった場合は、その場で直ちに修正することが求められます。

④ 可能性に関する質問

　社内調査や外部の捜査などが完了していない段階や情報の正確さに確信が持てない段階で、結論や結果だけを引き出すなど発表者のミスを企図する事例で、以下のような質問例があります。
　「他には絶対情報漏洩がないと言い切れますか」
　この種の質問に対しては「現時点で調査は完了しておりませんので、最終報告は結果を待ってご報告申し上げます」とするか、ある程度結果に自信がある場合は、その含みを入れて「現時点までの調査結果を踏まえますと、これ以上の情報漏洩は考えにくいと認識しておりますが、最終的な調査結果につきましては、判明次第公表させていただきます」などと回答するのが望ましいと思われます。

危機感度を高めて対応することが重要

　記者会見や広報対応では、新聞の社会部記者やテレビ局報道番組担当以外にも、あらゆるメディア媒体から取材を受ける可能性が

あります。すでに少し触れましたが、時として彼らは事前に取材したうえで、意図的に誤認回答を引き出そうと意図している場合もあり、スポークスパーソンは事実関係をしっかりと踏まえたうえで、慎重に言葉を選んで回答することが重要です。特に、デジタル時代の今、気をつけておきたいのが、以下の二点です。

・「オフレコ発言」は社会的情報価値を理由にほとんど守られず、瞬時に拡散するものと認識すべき。
・「動画撮影禁止、スマホ持ち込み禁止」としても守られず、会見がフルバージョンでYouTube等に投稿されることを前提として会見に臨むことが望ましい。

12-16. 第12章のまとめ

　危機管理広報の流れについてはこれまでにも触れてきましたが、工程管理の中でも重要な要素に「タイムライン」があります（図表12－⑤）。以下、簡単にポイントを記載しておきます。

・危機発生後72時間〜1週間まで

① **事実確認**
　多くの入手情報から伝聞情報・うわさ・憶測・意見・デマなどを除外し、裏付けられた情報のみを抽出します。
② **原因究明**
　事実を分析・評価し、恣意的な勘にとらわれず、全方位的に原因究明を行います。この時、直接原因だけでなく間接要因やハザード

分析も同時に行います。

・**危機発生後の対応から1～2カ月**
③ **是正措置**
　原因究明結果に基づき、事態の拡大防止を目的として行われる是正措置の実施のことで、直接原因に対して最も実効性の高い措置を講じます。
④ **責任表明**
　原因者が特定でき次第、処罰を含めた開示を行います。
（注）このタイミングで本件に付随する新たな事件や事実が発現・発覚する事例が多く、その場合は同時に公表していきます。

・**責任表明から1～2カ月**
⑤ **再発防止**
　グループ企業を含めた類似事案の再発防止策の水平展開、教育などの徹底を行います。
⑥ **運用監査**
　これまで実施してきた企業内の再発防止策の運用上の監査とその結果に関する報告書をまとめ、取締役会の承認を得ます。

・**取締役会から1週間**
⑦ **収束宣言**
　監査報告書の概要について開示し、事態の収束宣言を行います。

・**全体の期間を通じて**
⑧ **風評監視**
　報道のモニタリングだけではなく、ソーシャルメディア上のブログ、2ちゃんねるなどの掲示板、Facebook、LINE、Webニュース、

TwitterなどのあらゆるSNS情報を監視し、ネガティブ情報や誤った情報に基づく拡散・炎上を監視します。必要な場合は、2〜6時間で対応措置を講じます。

危機管理広報の適切さが企業の経営管理能力を裏付ける

　公表が遅れると、あらゆるステークホルダーに「隠蔽の動きがあったのでは？」という懸念を抱かせます。仮にそのような懸念を払拭することができてもなお、公表が遅れたという事実は、事実関係の把握の遅れ、内部統制の乱れ、組織としての原因究明力の不足、さらには経営トップの危機管理に関する指導力の疑念などを想起させ、公表のスタート時から厳しい状況に追い込まれる可能性が生じることを肝に銘じておきましょう。

　危機管理広報のタイムラインは、実際の現場にとって非常に過酷な条件となりますが、経営者自身が率先して自ら立ち向かう努力と勇気がなければ、内部が一丸となることもなく、現場の人間は心が折れて組織が瓦解してしまいます。木曜日の夜や金曜日の午前中に発覚した不祥事などは、多くの経営者が「ほっとする」タイミングとされており、公表は月曜日にして土日を有効に活用できる、と誤認しがちですが、そのような時こそ金曜中に（仮に深夜であっても）、可能な限り公表する気概を持って対処することが、経営トップの指導力の見せ所と言えるでしょう。

適切な危機管理広報のタイムライン　　　　　　　　　　（図表12−⑤）

【事実確認】多くの情報から伝聞情報・噂・意見等を切り出し、裏付け情報のみを抽出
【原因究明】事実を分析・評価し、恣意的な勘にとらわれず、全方位的に原因究明を行う
【是正対策】事態の拡大防止を目的としてピンポイントに是正対策を実施
【責任表明】原因者の特定と処罰を含めた開示
【再発防止】グループ企業を通じた類似事案の撲滅を目指す対策の横展開
【運用監査】再発防止策の実施状況・効果検証のモニタリングと監査報告及び開示
【収束宣言】監査報告書の内容に基づき収束宣言の実施

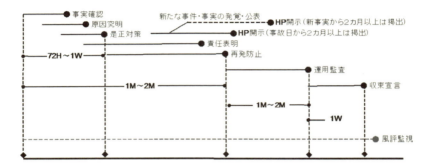

出典：著者作成

第13章

広報効果と効果測定

執筆：電通パブリックリレーションズ
　　　コーポレートコミュニケーション戦略部長
　　　企業広報戦略研究所 上席研究員
　　　北見幸一

13-1. 広報効果測定とは

　組織のあるべき目標を実現するために、広報・PRを実施していきます。その広報・PR活動によって目標の実現に向けて、より良い成果を獲得するためには、広報活動によって、どのような効果があったのかを把握し、PDCAサイクル（計画⇒実行⇒評価⇒改善）を回しながら、広報活動を改善していくことが求められます。広報効果測定とは、このPDCAサイクルを回し、より効果的な広報活動を展開するための手法の一つです。

　広報活動の改善には、広報効果をしっかりと測定することが必要です。しかし、広報効果を測定するといっても、何をもって広報効果とするのかは、企業の広報戦略の在り方によって異なります。つまり、広報・PRに何を求めるのかということと、広報戦略の立て方と広報効果は、密接にかかわってくるわけです（広報戦略については第4章「広報戦略の立案」を参照のこと）。「まずは認知度・知名度を上げたい」「ステークホルダーから理解を得たい」「購買行動を与えるきっかけ（ブーム）をつくりたい」「生活者の行動に変化を与えたい」など、広報戦略のゴールは様々です。広報・PRによって、なにを獲得したいのか（ゴール）は企業の戦略にもよるでしょう。しかし、経営において、広報・PRを行ったことによる効果を説明できなければ、ヒト・モノ・カネという経営資源を広報・PR活動に投入することはできません。効果測定できないものに対して投資はできないのです。だからこそ、効果を測定し、広報価値や意義を把握することは非常に重要なことです。

広報・PR部門の仕事は、インターナル広報やマスメディア対応だけでなく、近年では投資家広報（IR）、CSR活動や危機管理広報など、幅広く広範にわたってきており、複雑化していることも事実です。またSNSなどの普及によって情報流通構造も変化しており、デジタルは欠かせない要素となっています。広報効果測定も、インターネットやWebサイトに関する内容ばかりではなく、SNSなどのソーシャルメディアを含んだデジタル時代にふさわしい効果測定手法が必要になってきています。

第13章のポイント
- ☐ 広報・PR活動の目的の明確化が効果測定を決める。
- ☐ 広報・PR活動のフロー別に効果測定を行う。
- ☐ 一つの測定手法ではなく複数の手法で効果を測定する。
- ☐ インターネットやWebサイト、SNSに関する効果測定も必要な時代。
- ☐ 記事露出件数などの「アウトプット型」だけではなく、ステークホルダーへの影響度などの「変化把握型」の効果測定を。

13-2. 広報効果測定の全体像

広報・PR活動における効果測定には様々な手法が存在します。広報効果測定の全体像を捉えるには、広報・PR活動のフローを考慮に入れるとよいでしょう（図表13-①）。企業・組織からなんらかの情報発信活動や関係構築活動が行われる場合には、下図に示したように、①企業・組織、②記者・編集者、③報道記事、④ダイレク

トコミュニケーションツール、⑤ステークホルダー、⑥インターネット・ソーシャルメディアへの派生、の六つによって活動の効果を測定することができます。

広報効果測定の全体像　　　　　　　　　　　　　　（図表13－①）

出典：電通パブリックリレーションズ

①企業・組織

　広報効果測定をするためには、まずは自分たち企業・組織がどのような広報活動を行っているのかを把握しなければなりません。自分たちの広報活動を把握していなければ、なにを改善すべきかがわからなくなるからです。実際に、広報部門の中でも他の担当者がやっている活動は見えにくいものです。また、他社と比べて自分たちの広報活動は十分なのかを検証することが必要となります。組織の広報力を八つの軸で把握する「広報オクトパスモデル」[1]という評価モデルがあります（企業広報戦略研究2015）。このようなモデルを使って自社の広報力を把握することで、有効な効果測定が可能になります。

※1　「情報収集」「情報分析」「戦略構築」「情報創造」「情報発信」「関係構築」「危機管理」「広報組織」の八つの軸から広報力を評価するモデル。

②記者・編集者

　広報・PR活動を行う場合、メディアの記者・編集者に向けて情報提供を行うことが多くなります。そのため、広報効果測定としては、「メディアヒアリング」を行い、自社がどのようにメディアに受け止められているのかを把握することがとても重要です。

　「メディアヒアリング」は、記者に直接インタビューを行います。日常の報道対応、各種の事業活動、自社が実施した記者発表会、社長会見などについて、メディア上では報道していない記者たちの受け止め方や考え方を、インタビューによって把握するのです。個々の記者の見解や評価などを総合的に分析することで、課題を明確にし、今後の広報活動の方向性を探ることができます。

③報道

　ここでは報道としていますが、新聞のほか、雑誌やテレビ番組などで紹介されるパブリシティーも対象となります。このような報道を分析することを「報道状況分析」といいます。「報道状況分析」では、以下のような様々な分析手法を組み合わせることができます。

・報道論調分析

　定性的に業界動向や自社の事件・発表案件に関する報道の流れや対応についての報道論調を分析します。報道論調を分析することで自社が置かれている状況を把握します。基本論点と論調推移や強弱を分析し、広報課題を明確にします。

・記事掲載件数分析

　自社及び競合社の報道を定量的に把握します。媒体別、媒体カ

テゴリー別での報道露出の傾向や、特定のテーマ（経営、製品・サービス、CSRなど）のカテゴリーに分類して定量的に把握することもできます。時系列に分析すれば、前年比較や月別の掲載傾向が把握できます。ポジティブな記事かネガティブな記事かを判断して掲載数を把握することもできます。ベンチマーク企業を設定することも有効です。

・広告費換算分析

　パブリシティー活動による製品・サービスのメディア露出効果を広告費に置き換えて測定します。たとえば、新聞記事のパブリシティーでは、パブリシティー記事のスペースを計測し、「1段1センチの広告料金×記事量」で金額換算します。また、テレビ番組のパブリシティーでは、番組での露出時間を計測し、番組にタイム提供する際の標準的な広告料金を参考に、「1秒当たりの広告料金×露出時間」で金額換算します。番組の時間帯、露出番組の地方テレビ局などへのネットワーク数などにより変動します。

　広告費という金額費用に置き換えることで金銭的に価値を表現できるので、客観的でわかりやすいという特徴があります。しかし、一方で広告費換算分析への批判もあります。広告費換算することに意味があるのかという批判です。というのも、広告の場合は広告主サイドが内容をコントロールできますが、パブリシティーの場合はコントロール不可能であり、広告とパブリシティーでは持つ意味合いがまったく違うにもかかわらず、同じ基準で換算することへの批判です。また、インターネットの場合、ポータルサイトでの記事や新聞社系のネット記事は、広告費換算分析を行うことが可能です。しかし、そもそもインターネットの場合、新聞などとは違ってスペースに制限はありません。面積の大きさだけで料金が決定しているわけではないので注意が必要です。

ソーシャルメディアでの露出を広告換算することは非常に難しいというのが現状です。デジタルメディアの場合はいまだに換算方法が定まっておらず、様々な換算方法が検討されている段階です。

・報道レピュテーション調査

電通グループオリジナルの測定手法で、報道記事上でのコーポレート・レピュテーションを、定量的に把握する調査です。記事の内容を詳細に分析できる点に特徴があります。「情緒的アピール」「ビジョン＆リーダーシップ」「財務パフォーマンス」など、6領域20属性分類によるレピュテーション構成要素について、記事の形態の違いによる注目率の差、記事のトーン（ポジかネガか）、掲載媒体の発行部数などを評価に反映し、一掲載記事当たりの評価をポイント化して集計することができます。

・RRP（レピュテーション・リーチ・ポイント）

電通パブリックリレーションズオリジナルの測定手法で、SNS、Web、テレビ、新聞において、情報が何人に届いたか（リーチ数）を、独自指標で分析するプログラムです。これまでは、SNSやWebでの広報・PR効果と、テレビや新聞の広報・PR効果を単純に統合したり比較したりすることは難しかったのですが、リーチ数という共通指標により、同じ視点で分析することが可能になりました。

どのくらいの費用をかけて、どのくらいの人数に情報が行き渡ったのかを指標化し、ROI（投資対効果）の指標としても活用することが可能です。また、ポジティブな情報なのか、ネガティブな情報なのか、テーマ別に比較してみるなどのオプションと組み合わせることもできます。デジタルメディアを加味しているという点で新しい測定手法と言えます。

④ダイレクトコミュニケーションツール

　ターゲットとするステークホルダーに対して、直接、情報を届ける広報ツールに対しての評価を行うものです。ツールの評価をしっかりと把握することで、広報・PR活動における伝え方の課題が明確になります。広報ツールには、オウンドメディアや公式SNSなど、様々なツールが含まれます。広報部門がよく行う代表的なものとして、ニュースレターやPR誌などの印刷媒体ツール評価分析、企業のWebサイト評価分析などがあります。それぞれ自社で製作した広報ツールに対して、第三者の外部の視点から評価を行います。対象とするステークホルダーへの情報提供の内容、読みやすさ、デザインなどの視点から評価します。

　デジタルメディアへの対応という意味では、Webサイトのアクセスログ解析や、サイト来訪者の足取りの分析などがあります。誘導したいページへの適切な誘導ができているかを分析するカスタマージャーニー分析などによって、現状のWebサイトがどのくらいビジネスインパクトを持っているかなどの効果を把握し、改善策を見つけます。

⑤ステークホルダー

　企業・組織を取り巻くステークホルダーには、生活者、投資家、取引先、従業員など、様々な対象が存在します。そのすべてを調査するということではなく、ここでいうステークホルダー調査は広報戦略の立案に大きく関わるものです。広報・PR活動を行うに当たっては、まず重要ステークホルダーの設定を行います。広報戦略が一般生活者を対象とするものであれば、調査対象となるステークホルダーも一般生活者となります。そして、自社の行ってきた情報提供、関係構築活動により、彼らにどのような影響があったのかを把握す

るわけです。

　手法としては、訪問面接調査やグループインタビューなど、定性調査・定量調査を含め様々な手法があります。通常では、比較的低コストでスピーディーに行えるインターネット調査を中心に、定性ヒアリングを組み合わせて行うのが一般的です。広報戦略で掲げた目標指標におけるステークホルダーとのギャップ分析を行うことで、広報課題を明らかにすることができます。

⑥インターネット・ソーシャルメディアへの派生

　SNSの普及により、新聞・テレビなど従来のマスメディア露出だけではなく、露出された情報がソーシャルメディアに転載され、話題がネット上で拡散していくことは避けられません。これからの広報は、このデジタル領域における情報拡散の状況を把握することが必要不可欠です。ソーシャルリスニングツールを用いて、企業やブランドなどの評判について、定量・定性両面から把握します。テクノロジーを駆使し、ネット上の膨大なビッグデータから自社や競合他社に関する情報を抽出して分析を行います。たとえば、Twitterを詳しく分析することで、どのような顧客・ユーザーがツイートしているのか、どのように情報が拡散したのか、さらに情報拡散分析後には拡散量の多い有力なインフルエンサーを特定することも可能です。また、TwitterアカウントやFacebookページで、投稿ごとのリーチ数、エンゲージ（いいね！、コメント、シェアなど）の数などを分析し、ソーシャルメディアにおける情報発信の価値向上につなげます。

　この分野では分析技術が日々進化しており、新しい技術を柔軟に取り入れてより精緻な効果測定を実現していくことが望まれます。

13-3. 広報効果測定の実態

　実際の企業ではどのような効果測定が行われているのでしょうか。調査結果からその実際を見ていきましょう。企業広報戦略研究所が日本の上場企業を対象にして行った広報効果測定の活動についての調査結果[※2]を（図表13-②）に示します。

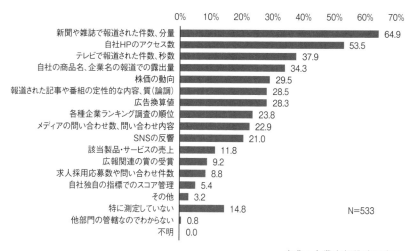

広報効果測定に関する活動　　　　　　　　　　　　　（図表13-②）

出典：企業広報戦略研究所

※2
　調査対象：東証一部、二部、マザーズ、ジャスダック、札証、福証など国内の上場企業（3664社）。広告・PR業他社は除く。
　回答社数：533社　　有効回答率　14.5％
　調査実施期間：2016年2月24日～2016年4月8日
　調査手法：郵送・訪問留置調査
　調査主体：企業広報戦略研究所（電通パブリックリレーションズ内）

企業の広報効果測定に関する活動としては「新聞や雑誌で掲載された件数、分量」が64.9％で最も多く、次に「自社HPのアクセス数」（53.5％）、「テレビで報道された件数、秒数」（37.9％）、「自社の商品名、企業名の報道での露出量」（34.3％）と続きます。企業や商品についてのパブリシティー量を把握するために広報効果測定が行われることが多いようです。

　二番目が「自社HPのアクセス数」となっていますが、デジタル時代の広報としては、自社HPへのアクセスを高めることは非常に重要です。インターネット時代における消費購買行動モデルであるAISASモデル※3 が示すように、興味・関心を持った消費者は、Yahoo!やGoogleなどの検索エンジンを用いて検索行動を始めます。もちろん、Webサイトに関する情報も検索の対象となります。

　Webサイトなどのオウンドメディアは、企業や組織が独自に自分たちの伝えたいことを詳細に伝えることのできるメディアであり、自分たちの意向で編集できるメディアです。トライベック・ブランド戦略研究所による「企業情報サイト調査結果分析2014」によれば、企業のWebサイトは、新聞に次いで二番目に「企業情報について信頼できると思う情報源」となっています。※4 つまり、企業のWebサイトは、今やテレビやニュースサイト、ポータルサイト以上に信頼できる情報源なのです。自発的情報発信が可能な「オウンドメディア」が、広報にとって最重要領域の一つと言える状況になってきています。

※3　電通が提唱したネット上での購買行動プロセス。Attention（注意）→ Interest（関心）→ Search（検索）→ Action（購買）→ Share（情報共有）の頭文字をとった語。

※4　「企業情報サイト調査結果分析2014」トライベック・ブランド戦略研究所
　　http://japanbrand.jp/column/cc-column/ccc2014/part1

13-4. 広報効果測定の分類

　これまでに紹介した広報効果測定手法を大まかに分類すると、広報・PR部門でよく行われている代表的なものを四つに分類することができます（図表13－③）。この図の縦軸はコストの高低、横軸は効果測定内容について、広報・PR活動のアウトプットを評価するものなのか、広報・PR活動によるステークホルダーの変化を把握するものなのかを示しています。以下、それぞれについて、詳しく解説していきます。

広報効果測定の分類　　　　　　　　　　　　　（図表13－③）

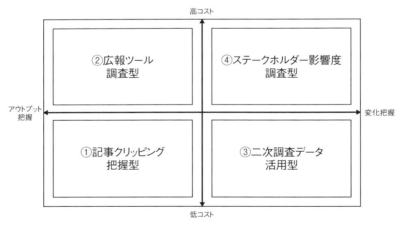

出典：著者作成

①記事クリッピング把握型

　すでに広報活動の成果として主にパブリシティーされた記事や番組をクリッピングし、記事露出件数、記事スペース、番組での露出時間などを把握する方法です。企業によっては、外部のPR会社などに依頼して、記事や番組の論調（ネガかポジか）で評価するケースや、広告と同様に到達率、接触率まで把握するケースもあります。また、クリッピングした記事や番組を広告料金に換算することも多いようです。低コストではありますが、広報活動のアウトプット面を評価することができます。

②広報ツール調査型

　自社の広報ツール（企業概要、広報誌、Webサイトなど）に対し、デザイン、内容、わかりやすさ、理解度などを評価するケースです。読者やモニターへの調査などを通じて、広報ツールが効果的であるのかどうかの検証を行います。独自データを取得する必要があるため、コストが必要となります。

③二次調査データ活用型

　たとえば、日経企業イメージ調査やCSRランキングなどの外部二次データを利用して、自社の広報活動の成果を評価するケースです。比較的コストが安く、かつ経年変化データも取得することが可能です。しかしながら、外部データで自社が評価されているのは基本的には大企業が中心であり、中小企業のデータが収載されてないという弱点があります。

④ステークホルダー影響度調査型

　広報・PR活動の成果として、自社が対象とするステークホルダーに対して、どのような意識変容や行動変容があったのかを調査するものです。変化の指標としてブランドやレピュテーションを独自に測定している企業も存在しています。しかし、広報活動だけの要因による変化の影響度を特定することは非常に困難であり、しかも、独自データを取得する必要があるため、比較的コスト高であるというデメリットもあります。

企業価値に与えるインパクトの把握

　以上、広報効果測定の手法を四つに分類しましたが、実際の企業広報の多くは、①の記事クリッピング把握型に終始することがほとんどです。なぜなら、広報効果測定のために高いコストを支払うことはできない組織が多いからです。しかし、パブリシティー記事がどのように出たのかという露出の件数や質だけの効果測定では、経営者にとって十分な情報ではありません。経営者にとって重要なのは、パブリシティー記事の露出そのものではなく、そのパブリシティー記事が、企業価値にとってどのようなインパクトを持っているのかを知ることです。

　企業による広報・PR活動の目的がステークホルダーに対してなんらかの変化を期待するものであるならば、広報・PR担当者は当然、そのステークホルダーの変化を把握して説明することが求められます。

13-5. 広報効果測定に必要な視点

広報効果を示すために

　どの企業でも広報効果の測定は課題であり、広報・PRの担当者は、広報・PR活動の意義をどのように経営者・役員に示せばよいのか悩んでいます。一方、経営者の視点としては、広報活動の成果としてのパブリシティー記事露出が、ステークホルダーにどのような変化をもたらしているのかということが重要であり、その変化が売り上げや利益、企業価値にどの程度の影響を与えているのかを理解したいわけです。
　パブリシティーの露出について把握することは、広報・PR担当者の現場における質を高める意味では非常に重要なことです。しかし、これまでの広報効果測定は、経営的視点から指標化されることはあまり多くはありませんでした。それゆえ、経営者は広報・PR活動の重要性を認識しながらも、実際には多くの関心を払ってこなかったのではないでしょうか。

　経営学における財務論の世界では、将来キャッシュフローの現在価値による総和として企業価値を評価します。ディスカウント・キャッシュ・フロー法（お金の時間的価値を考慮して長期の投資効果を測る収益計算方法）がその代表的計算方法になりますが、将来にわたるキャッシュフローを予測するのは非常に困難です。会計に関する情報はあくまでも過去の数値であり、将来を予測するための一つの判断材料に過ぎません。経営者及び市場の参加者は、将来を予測できる情報を求めているのです。
　だからこそ、広報・PR活動によってステークホルダーとの関係を

良好にし、将来得られる利益にどの程度貢献できるのかを示すことができれば、非常に重要度の高い経営的指標となりえます。広報・PR活動の効果を示す指標は、常に経営を意識したものであることが大切です。

これからの広報効果測定に必要なこと

　広報効果測定のためには、まずは広報・PR活動の目的は何なのかを経営者と共有することが極めて重要になります。ここまで説明してきたように、広報・PR活動の目的は、記事や情報の露出量ではなく、経営的に重視されるステークホルダーに変化を与えることです。とするならば、その目的達成度を把握する経営的視点に立った効果測定指標を創造する必要があります。

　そのためにコストが多少かかったとしても、経営者も意味のある指標として認識できることのほうが必要です。もちろん、広報・PR活動の予算額との兼ね合いで、効果測定にどの程度コストをかけるべきかを判断しなければなりません。

　広報・PR活動の範囲は、非常に多岐にわたっているため、広報効果の指標づくりには、一つのデータからの指標だけではなく、複数指標の相関関係を示す必要があります。重要なのは、カトリップらがPII（Preparation・Implementation・Impact）モデルで示唆しているように、効果測定は、広報活動による影響（Impact）までを評価することが必要です（カトリップ他 2008）。どんな広報・PR活動を行い、どのような記事が出て、それによりターゲットとする重要なステークホルダーにどの程度の変化を与え、それが企業価値にどういうインパクトをもたらしたのか、というアカウンタビリティが求められています。

13-6. 第13章のまとめ

・広報・PR活動の目的の明確化が重要

　効果測定を行うにしても、何のために広報・PR活動を行うのかが定まっていなければ、せっかく効果測定を行っても、気休めにしかなりません。反対に、広報・PRの目的が定まり、広報計画が戦略的に立案されれば、おのずと何を測定しなければならないかが見えてきます。効果測定を行うには、広報・PR活動の目的を明確にすることが重要です。広報・PRの目的が、製品・サービスのパブリシティーを獲得するということであれば、パブリシティーの件数を把握することでよいわけです。

・まずは記事クリッピング把握型の測定を

　最も多くの企業で広報効果測定手法として採用されているのが、広報活動の成果としてのパブリシティーの露出状況の把握です。記事クリッピング把握型の代表例として、記事掲載件数分析があります。自社及び競合社の報道を定量的に把握します。媒体別または媒体カテゴリー別での報道露出の傾向や、特定のテーマ（経営、製品・サービス、CSRなど）のカテゴリーに分類して定量的に把握することも可能です。

・デジタル時代の効果測定として、ソーシャルリスニング

　マスメディア対応の結果として、パブリシティー量を把握＝広報効果としている企業や組織は多くあります。しかし、デジタル時代の効果測定としては、それだけでは不十分で、自社のWebサイトへのアクセスやSNSでの反響なども把握しておく必要があります。

SNSでの反響を把握するという意味では、ソーシャルリスニングという手法があります。ソーシャルリスニングは、企業やブランドなどの評判について、定量・定性両面から把握します。テクノロジーを駆使し、ネット上の膨大なビッグデータから自社や競合他社に関する情報を抽出して分析を行います。

・複数の効果測定手法を組み合わせる

　様々な効果測定手法がありますが、一つだけの効果測定手法ではなく、様々な効果測定手法を組み合わせることで、広報活動の効果が見えてきます。定量的な把握だけではなく、定性的な把握を組み合わせることでより正確に効果測定を行うことができます。たとえば、記事の露出件数や分量を測定するだけではなく、記事の論調を把握し、ボリュームが多かった記事の内容はどのようなものだったのか、記事傾向からどのような点を記事の中で評価しているのかを把握することで、なにがどのように伝わっているのかを立体的に把握することができます。

・大事なのは影響力の把握

　本来的には経営者の視点で広報効果測定を行うべきです。経営的に重視されるのは、記事の露出によってステークホルダーにどのような影響を与えたかという点であり、単に露出の量だけでは意味がありません。ステークホルダーの意識変化などの影響力を計測する調査を行う必要があります。そのためにコストが多少かかったとしても、意味のある指標として経営者が認識できることが重要です。

<了>

第14章

インターネット広報とオウンドメディアの活用

執筆：ブルーカレント・ジャパン
　　　代表取締役社長／戦略 PR プランナー
　　　本田哲也

14-1. オウンドメディアとはなにか？

「オウンドメディア」とはなんでしょうか。それを理解するには、まず「トリプルメディア」という考え方を知る必要があります。トリプルメディアとは、2009年頃から提唱された、企業のメディア戦略チャネルの考え方で、「ペイドメディア（paid media）」「オウンドメディア（owned media）」「アーンドメディア（earned media）」の三つから成ります。

ペイドメディアは、従来からの広告出稿に代表される「お金を払って利用するメディア」です。テレビや新聞などのいわゆる四大媒体での広告、またWeb広告などがそれに当たります。一方、アーンドメディアは「お金の支払いが発生しないメディア」です。新聞やネットの編集記事、ブログやソーシャルメディアなど、生活者が発信するメディアが該当します。最後にオウンドメディアですが、「企業やブランドが自ら所有するメディア」と定義されます。具体的には、企業のWebサイト、ECサイト、メールマガジン、自社発行の会報誌まで、企業が所有し運営管理を行っているメディア全般を指します。

これらのメディアはそれぞれに強みや弱みがあります。ペイドメディアは広告出稿が主ですので、企業が言いたいことを確実にたくさんの人々に届けることができますが、大きな購入コストがかかります。「広告を信用しなくなった」といわれる生活者からの信頼性も強いとは言えません。一方のアーンドメディアはパブリシティーやクチコミの領域です。大きなコストはかかりませんが、マスコミや生活者など第三者発信になるため、コントロールがききません。このように一長一短あるペイドメディアとアーンドメディアを補完できるのがオウンドメディアです。運営やコンテンツ開発のコストはかかりま

すが、自社メディアですから購入コストは不要です。コンテンツ編集を自社で行うので、内容のコントロールも可能です。

また、オウンドメディアが注目される背景には、「コンテンツの重要性が上がった」こともあるでしょう。デジタル時代になり、ネット上には膨大な量のコンテンツが存在しています。Googleなどの検索エンジンも、被リンク数ではなくユーザー評価が高いコンテンツを上位表示するようになってきました。つまり、「質の高いコンテンツをどれだけ多く生み出せるか」が、広告や広報・PRにおいて最重要課題になってきているのです。このことから、オウンドメディアを情報発信の要にしていこうという機運が高まってきています。

第14章のポイント
- ☐ オウンドメディアは、「トリプルメディア」の一つである。
- ☐ オウンドメディアの強みは、コスト効率の良さと情報発信のコントロールしやすさにある。
- ☐ オウンドメディアが注目されるのは、コンテンツの重要性が増したことが背景にある。

14-2. オウンドメディアの全体像

本章ではまず、オウンドメディアが従来の企業サイトやメールマガジン、会報誌とどのように異なるのかを解説します。そのうえで、オウンドメディア活用によって、広報やPRがどのように変わっていくかを説明し、国内外のオウンドメディアの成功事例を紹介します。

実例を通じて、企業がどのようにオウンドメディアを広報・PRに活用し始めているのか、その実態を知ってもらいます。さらに、今や広報・PRにとって欠かせない領域となったソーシャルメディアとの関係を解説します。ソーシャルメディアはトリプルメディアの整理に従えば「アーンドメディア」の中に分類されますが、デジタル広報におけるオウンドメディアとソーシャルメディアの連携は今後ますます重要になっていきます。最後に、具体的なオウンドメディアの運用について説明します。どのようにコンテンツ管理をするべきなのか、運用する担当者やチームはどうあるべきなのか、投下予算はどう考えればいいのか、といった観点から実践的な知識を身につけてください。では、早速始めましょう。

<u>トリプルメディアの概要</u>　　　　　　　　　　　　　　（図表14－①）

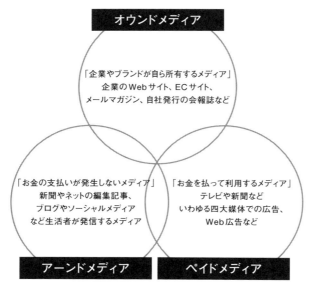

出典：著者作成

14-3. オウンドメディアで変わる広報・PR

　オウンドメディアとは「企業やブランドが自ら所有するメディア」であり、具体的には企業のWebサイトなどを指します。ただし、従来の企業のWebサイトは「原始的オウンドメディア」とでも言うべき存在であり、本章で取り上げるオウンドメディアとは似て非なるものです。では、オウンドメディアと従来の企業サイトはどう違うのか。その答えを知るために押さえておきたい専門用語に「コンテンツマーケティング」と「ブランドジャーナリズム」の二つがあります。

　コンテンツマーケティングとは、顧客や見込み客にとって有益な情報（コンテンツ）を提供し続けることで興味・関心を引き出し、企業と顧客との関係を深め、結果として売り上げにつなげるというマーケティング戦略です。一方、ブランドジャーナリズムは、ブランドの発信にジャーナリスティックな要素を組み込むという基本思想です。ここで言うジャーナリズムとは、平たく言うと、社会にとって必要な情報、意味のある情報を伝えていくという「精神」です。自社の利益になる情報ばかり発信しても顧客や見込み客には届かないので、社会にとって価値ある情報を伝えていこう、という考え方に基づくコミュニケーション戦略です。

　これら二つはいずれも2010年代からアメリカで提唱されてきた考え方で、互いにオーバーラップする部分も多く見られます。いずれも重視するのは、単に自社の製品やサービスを宣伝するのではなく、顧客を楽しませ、社会のできごとや役立つ情報を伝えていくという姿勢です。こうしたジャーナリズム的な発想を取り込んだオウン

メディアの活用は、広報・PR活動に大きな変化をもたらします。

　第一に、「情報開発」が進化します。オウンドメディアを持つことは、すなわち企業がメディアを編集・運営する機能を持つことを意味します。となると、広報・PRの仕事は、プレスリリースの作成や新製品発表会の準備といった従来の枠組みにとどまらなくなります。オウンドメディアを通じて、企業の考え方や製品・サービスの魅力を面白くストーリー化し、発信できるようになるわけです。また、発信の方法も社員を取材したり、ユーザーのエピソードを募ったりと、自由度も高まります。その結果、「どのように情報を伝えていくか」というメソッドが進化し、蓄積されていくことにつながります。

　第二に、「社会のステークホルダーとの関係」が進化します。PRの語源が「パブリック・リレーションズ」ということからもわかるように、広報・PRの仕事は、あらゆる利害関係者と良い関係を構築することに尽きると言っても過言ではありません。「マスコミ対応」という言葉にも象徴されるように、これまでは企業がメッセージを発信するには既存のメディアに頼らざるを得ませんでした。しかし、オウンドメディアがあれば、自社商品やサービスのユーザーと直接、そして常時つながることができます。必然的に、関係構築のスタイルの幅は広がります。とりわけ、生活者とより深く密接にかかわれるようになります。

14-4. 三つの企業の成功事例

　では、実際にオウンドメディアはどのように運営されているのでしょうか。ここでは、国内外の成功事例の中から三つの企業の取り組みを紹介します。

　まず、世界的な飲料メーカーであるコカ・コーラ社は、2012年に自社のグローバルサイトを刷新しました（日本版は2013年にリニューアル）。これまで、飲料メーカーのWebサイトといえば、商品画像の一覧が並び、それぞれの商品の特徴や成分などが紹介されているのが一般的でした。しかし、同社の新サイトは、Webマガジンそのもの。総勢12人の記者と編集者が配属され、新商品紹介のようなストレートな記事から、ブランド名も出てこない関連ニュースまで、様々な記事が配信されています。その結果、同社は過去3年でブランドのソーシャルメディアのフォロワー数を50％増加させることに成功。[※1] さらに、独自の指標を用い、読者の興味関心の動向を追い続けています。

　一方、大手外資系情報システム企業であるIBM社のオウンドメディアの前身は、1969年に創刊された自社広報誌です。2014年に印刷媒体からデジタル版へ移行。「イノベーション」をコンセプトに、

※1
「コカ・コーラのオウンドメディア「ジャーニー」の試練 〜悩みの種はFacebook流入の減少」
http://digiday.jp/brands/whats-next-for-cokes-branded-content-site-journey/

IT・コンピューター業界のキーパーソンや専門家へのインタビュー、関連イベント情報などを掲載。Yahoo!やWIRED（ワイアード）、ギズモード（GIZMODO）など他のWebメディアへの記事転載も行い、ソーシャルでの拡散も踏まえると、リーチ数は紙の冊子時代の1万部から400〜600万人も増えたと見られています。[※2]

　グループウエアサービスを展開するサイボウズ社は、2012年からオウンドメディアを開設。背景には、グループウエア市場が成熟し、通常の商品広告では新たな顧客を開拓するのは難しいという経営判断がありました。同社のオウンドメディアのコンセプトは「チームワーク」「新しい働き方（ワークスタイル）」「多様性」の三つから成っています。同社Webサイトのタイトル下に「新しい価値を生み出すチームのためのコラボレーションとITの情報サイト」とあるように、ワークスタイルとチームワークにまつわるトピックスを幅広く取り上げています。

　また、他メディアとのコラボも積極的に展開。運用開始当初は1万PVだったアクセス数を月間20万PVまで育て上げています。同社のオウンドメディアはソーシャルでの共有を強く意識しています。また記事への反響から商品ニーズを把握し、プロモーションへと展開する事例もあったそうです。しかし、同時に「脱PV至上主義」を掲げ、月間目標PVなどは設定していないのも、興味深いところです。[※3]

　ここで取り上げた三社はいずれも、オウンドメディアの編集方針

※2
「IBMが広報誌をオウンド"メディア"化した理由と成果」
http://www.slideshare.net/Memberscorp/ibm-42997822
※3
「サイボウズ式が、PVより重視する成果とは何か？」
http://blog.sixapart.jp/2016-01/cybozushiki.html

が明確です。なぜこの情報を発信するのか、それがどのように企業やブランドに集約されていくのかという道筋が明快なのです。ブランドらしさを貫くことと、ジャーナリズム思想を持つことは等しく重要であり、そのバランス感覚こそが、オウンドメディアに求められるものなのです。

14-5. ソーシャルメディアとオウンドメディア

　オウンドメディアとソーシャルメディアは切っても切り離せない関係にあります。ソーシャルメディアは、オウンドメディアに人が流入してくる「入り口」でもあり、情報を拡散する「出口」でもあります。どんなに充実したコンテンツを用意しても、見てもらえなければ、ないも同然です。そこで、見てもらうために力を発揮するのがソーシャルメディアというわけです。したがって、ソーシャルメディアとの連携がしっかり設計されているかどうかは、オウンドメディアにとって死活問題とも言えます。

　では、どのようにソーシャルメディアとの連携を図ればいいのでしょうか。重要なポイントは三つあります。

　第一に、オウンドメディアを立ち上げる時には、必ず主要なソーシャルメディアへのシェアボタンを実装する必要があります。なんだ、そんなことか、と思われるかもしれませんが、いまだにこのシェアボタンの実装すらなされていないオウンドメディアが後を絶ちません。実際にサイトを構築するのは他部署の仕事だったとしても、広報・PRの立場から最低限チェックすべきこととして、覚えておきましょう。

第二に、広報・PR担当者は「ソーシャル文脈」を確実に把握する必要があります。オウンドメディアに限らず、ソーシャルメディアが普及して以来、ずっと言われ続けてきたことですが、今や広報・PRの仕事はソーシャル文脈なしでは語れなくなりました。広報・PRの仕事に就く人は各ソーシャルメディアでどのようなネタが好まれるのか、旬のネタはなにかといった「文脈」を知っておくことが重要です。そのためにも、自分自身がソーシャルメディアを一通り経験しておくのは大前提です。この本を読んでいる方々であれば、おそらくなにかしらのソーシャルメディアを使っていることでしょう。もし、主要ソーシャルメディアの中で試していないものがあれば、今すぐアカウントを開設し、始めてください。そして、積極的に発言しましょう。

　日々の投稿の中で、どのような内容に「いいね！」がつきやすいのか、予想と結果はどの程度乖離するか、トライ＆エラーを重ねると、自然とソーシャル文脈が身につきます。今、広報・PRのプロを目指すのであれば、TwitterとFacebook、Instagramは最低限、押さえておくべきものだと言えるでしょう。

　そして第三に、オウンドメディアにおいては、ソーシャルメディアの特性に合わせたコンテンツを準備することも重要です。一口にソーシャルメディアと言っても、その特性は様々です。たとえば、30〜40代のバリバリ働くビジネスパーソン向けのコンテンツであれば、Facebookと相性がいいでしょうし、アーティスティックなビジュアル素材であれば、Instagramユーザーに好まれるでしょう。

　こうしたソーシャルメディアごとの特性を踏まえ、ふさわしいコンテンツを用意することです。そして各ソーシャルメディアの世界観を理解し、それぞれのユーザーの心に響く記事を作成し、投稿・拡散していくといったアクションが重要になります。かつては企業に

よる情報発信というと、統一されたビジュアルイメージをもとにしたブランディングが重視されてきました。しかし、現在は各ソーシャルメディアの世界観に合わせた投稿が好まれます。もちろん、根底には統一したブランドのアイデンティティーがあるわけですが、見せ方においてはTPOに合わせようというわけです。

　各ソーシャルメディアの特性はたとえて言うなら、ドレスコードのようなものです。フォーマル指定のパーティーに、Tシャツとジーンズ姿で紛れ込むのは恥ずかしいですよね。逆もまた、真なりです。しかも、パーティーであれば、招待状を見ればドレスコードがわかりますが、ソーシャルメディアの場合は不文律です。こうした「暗黙の了解」を知るためにも、自分の好みとは関係なく、日頃から主要なソーシャルメディアに分け隔てなく参画することが大切なのです。

<u>ソーシャルメディアとオウンドメディア</u>　　　　　　　　　　（図表14－②）

出典：著者作成

14-6. オウンドメディアを運用する

　オウンドメディアは企業の広報・PR活動の中で、非常に重要な役割を担っています。だからこそ、どう運用していくかがとても大切です。お金をかけて美しいサイトをつくっても、その後は放置したままというのでは、双方向性や共有性のないWeb1.0時代のサイトと変わりません。では、どのような運用体制をつくり上げれば、オウンドメディアを有効活用できるのでしょうか。ここでは三つの観点から見ていきましょう。

　まず、最初に考えたいのが「コンテンツの管理」です。現在では、CMS（コンテンツマネジメントシステム）の進化により、自社サイト運営も技術的には容易になっています。問題はむしろ、コンテンツをどのように編集・編成していくかという、コンテンツそのもののマネジメントです。コンテンツの価値を高めるには、内容はもちろん、情報を発信するタイミングや頻度も重要です。企業が発信する情報である以上、新製品のリリースなどの年間予定もあれば、広報・PRの視点から見た、外せない「旬のネタ」もあるでしょう。さらに、一定のリアルタイム性を兼ね備えることも重要です。

　たとえば、「サッカー日本代表がワールドカップの決勝に進出」といった国民的な話題が盛り上がっている時、もしそれが自社のブランドに絡められる話題であれば、取り上げるのがベストです。もちろん、まったく関係のない話題まで、無理に追いかける必要はありません。ただ、カレンダーどおりに記事を埋めていくことだけに注力し、企業としてメッセージを発すべきチャンスを見逃すのはもったいないことです。動画配信も重要なコンテンツになりつつある今、突発的なトピッ

クスにも必要に応じて対応するには、人員や予算を含め、全体の2割は余力を残しておくのが理想的です。

　次に、オウンドメディアを運用する担当者やチームはどうあるべきかを考えてみましょう。企業のオウンドメディアは広報・PR部門が担当する場合もあれば、マーケティングや宣伝部が主幹というケースもあり、企業によって多種多様です。オウンドメディアの目的が、eコマースとの連携なのか、広報・PR機能の強化なのか、それによっても担当部署は変わります。しかし、どの部署が担当するにせよ、「編集視点」が不可欠です。

　欧米では、オウンドメディアの運用チームにメディア出身者を雇い入れたり、PR代理店やソーシャルマーケティング会社など外部のエージェンシーにすべて任せたりするケースも珍しくありません。いずれにしても、運営チーム内に最低一人は編集・編成の専門スキルを持っている人が必要です。また、オウンドメディアのコンテンツづくりでは社内の取材も大事です。長年にわたり、社内報を担当してきた人など、社内にネットワークが広く、交渉に長けている人が運営チームにいると重宝するでしょう。

　最後に、オウンドメディアの予算についてはどうでしょうか。冒頭でも説明したように、オウンドメディアはペイドメディアのように多額の購入コストはかからず、費用対効果がいいメディアです。しかし、だからといって、「お金がかからない」「安上がり」というのは大きな誤解です。一つのメディアを立ち上げるわけですから、一定レベル以上のものにするには数百万単位の初期費用がかかります。また、月々の運営コストも、仮に外部に完全委託すると、年間数千万円クラスのコストは覚悟する必要があるでしょう。ただ、それだけのコストをかけて、コンテンツの質・量共に充実したオウンドメディ

アを構築するのはあくまで理想であり、現実にはまだまだ少数派です。名の通った大企業であっても、広報部の一人が担当し、予算もあるようなないような……というケースが少なくありません。

では、予算が確保できなければ、オウンドメディアを運営できないのかというと、そういうわけではありません。やれることに限りはありますが、まずは小さく始めてみるといいでしょう。続けていくうちに、想像以上のPV流入があったり、ソーシャルメディアで情報が拡散されたりといった実績を積むことで、予算を増やせる可能性も広がります。また、社員の誰もが自社メディアの書き手になれるよう、広報部主導でライティングトレーニングを実施するのも一案です。社会に向けて、情報を発信するとはどういうことか。企業の一員としての情報発信のトレーニングを積むことは、個人のブログやソーシャルメディアで不用意につぶやき、炎上するといったリスクの回避にもつながります。

14-7. 第14章のまとめ

・トリプルメディアとは？

　2009年頃から提唱された、企業のメディア戦略チャネルの考え方。ペイドメディア（paid media）、オウンドメディア（owned media）、アーンドメディア（earned media）の三つから成っています。

・コンテンツマーケティングとは？

　顧客や見込み客にとって有益な情報（コンテンツ）を提供し続けることで興味・関心を引き出し、企業と顧客との関係を深め、結果として売り上げにつなげるというマーケティング戦略です。

・ブランドジャーナリズムとは?
　ブランドの発信にジャーナリスティックな要素を組み込むという基本思想です。商品情報など自社の利益になる情報だけではなく、社会にとって必要であり意味のある情報を伝えていくことで発信力を高めるという考え方です。

・オウンドメディアのソーシャル対応
　サイト内のソーシャル実装(ソーシャルボタンなど)を進めること、ソーシャルメディア上で話題にされている内容や興味ポイントなどの「ソーシャル文脈」を理解すること、それぞれのソーシャルメディア特性に合わせたコンテンツを用意すること。この三点が重要です。

・オウンドメディアの運用
　まず重要なのは、継続性と時事性を考慮したコンテンツ管理です。運用チームは事業部主体の場合や広報主導の場合など様々ですが、編集・編成ノウハウが必須です。必ずしも巨額の費用投下が前提ではありませんが、年間数千万円で運用するケースも存在します。

<了>

第 15 章

メディア・リレーションズ

執筆：ビーコミ 代表取締役
加藤恭子

15-1. デジタル時代のメディア・リレーションズとはなにか?

広報活動とメディア・リレーションズ

　デジタル時代、つまりインターネットの普及や技術革新により、情報流通の仕組みが変わり、人々の情報収集行動や企業の広報活動も変化しつつあります。まず、企業の情報発信に目を向けると、四大媒体（テレビ、新聞、雑誌、ラジオ）をメインターゲットとして直接アプローチするのではなく、様々なインターネットメディアや著名な個人（いわゆるインフルエンサーやブロガー）へ情報を流し、そこからの波及効果を狙う流れが出てきています。

　インフルエンサーに着目された内容は、オンラインメディア（『ITmedia』『東洋経済オンライン』など）、ブログ（ブログポータル）、著名な個人のブログやまとめサイト、FacebookやTwitterといったソーシャルメディアで拡散されます。こうしていったん広がった情報は、「SmartNews」などのニュースアプリ（ネットで注目の情報をスマートフォンアプリで紹介するアプリケーション）を通じ、さらに広く拡散されることになります。

　次に、情報の流通について見てみることにしましょう。四大媒体は今なお大きな力を持っているものの、新聞購読率の低下やテレビ離れなどもあり、インターネットとの連携が多く見られるようになっています。たとえば、テレビ番組の予告がインターネットで行われたり、見逃したストーリーをインターネットで見ることができたり（民放公式テレビポータル http://tver.jp/）、テレビのニュース動画をインターネットで閲覧できたり、単体のメディアだけでなく、他のメディ

アとの連携によって多くの人の注目を集めるようになってきているわけです。若者を中心とする世代ではスマートフォン（スマホ）が情報の入り口となっていますが、スマホのアプリを宣伝するテレビCMを見ない日はなく、テレビの内容が大量にツイートされるなど、人々のメディア接触方法は多様化しており、様々なメディアが複雑にからみ合う状態となっています。

このような状況下では、企業の広報活動においても、従来のようにFAXを使って新聞社にプレスリリースを送るだけでは不十分です。広報担当者、記者や編集者、読者など、関わる人間自体はなにも変わっていないのに、情報の流通経路や手法が大きく変化を遂げてしまっているのが、今という時代だと言えるでしょう。本章では、このようなデジタル時代の広報活動とメディア・リレーションズについて見ていくことにします。

・付き合うべきメディアとは誰のことか

まず、メディアとの付き合い方に目を向けることにしましょう。メディアにも様々な種類があり、メディアと良い関係を保つには、「かかわっている人」との付き合い方が重要となります。対象は必ずしも記者や編集者だけでなく、コラムの執筆や特集の企画にかかわっている人たち、たとえばフリーランスのライターやその分野の専門家なども含まれます。またデジタル時代の今、一般人もメディア化しています。誰でもソーシャルメディアやブログを通して気軽に情報発信が行えるようになり、それらが大きく拡散するケースも少なくありません。つまり、明らかにメディア関係者とわかる名刺を持っている人とだけ、リレーションを築けばよかった時代は終わったということです。

・メディアの事情と行動論理

　PCやスマートフォンの普及に伴い、インターネットメディアが注目を集めています。四大媒体は相変わらず強大ながら、新聞の購読部数は1999年をピークとして減少に転じており（『メディアと日本人－変わりゆく日常』（岩波新書）橋元良明 2011）、広告収入も2015年は前年比97.6％と減少傾向にあります。[※1]一方、インターネット広告は前年比115％と伸びており、インターネット媒体への注目の大きさがうかがえます。

・オンラインメディアの台頭

　オンラインメディアはインターネットの普及とともに伸び、現在ではスマホの普及もあって、従来型のメディアもスマホで読めるようになりました。『東洋経済オンライン』、『BuzzFeed』などでは、編集長が頻繁にソーシャルメディアに記事投稿を行ったり、セミナーに登壇したりするなど、広報担当のような役割を担っています。上記のようなニュース系メディアだけでなく、女性誌系の媒体においても同様の傾向が見られます。『DRESS（オンライン版）』では、社外からフリーライターの池田氏を編集長として招き、積極的に記事内容をソーシャルメディアに投稿し、拡散に一役買っています。『クロワッサン（オンライン版）』なども記者が積極的に記事の拡散を行っており、編集長や記者の広報担当化もデジタル時代の新しい潮流になりつつあります。

・近年のブロガー事情

　以前に「アルファブロガー」（大きな影響力を持つ著名ブロガー）

※1
電通「2015年 日本の広告費」（2016年2月23日発表）より。
http://www.dentsu.co.jp/news/release/pdf-cms/2016022-0223.pdf

の存在が話題となったことがあります。企業は様々な場所でブロガーミーティングと呼ばれる製品やサービスのお披露目イベントを開催し、そこに招かれたブロガーたちが製品の広報に一役買っていました。アルファブロガーという言葉こそあまり使われなくなりましたが、ブロガーによる拡散力は相変わらず大きく、その影響力を無視することはできません。そして、このようなブロガーには、専業ブロガーと兼業ブロガーの二種類が存在します。

　専業ブロガーの収入源としては、ブログの内容が話題となって依頼された原稿や書籍の執筆料、ブログ内に掲示したアフィリエイト広告（成果報酬制広告）による収入、広告代理店などを通して依頼された「記事広告」（広告である旨を「Sponsored」「PR」「AD」などと明記して、特定企業の製品やサービスをブログ記事のようなスタイルで紹介するもの）などがあります。兼業ブロガーの場合は、昼間は会社員として勤務し、余暇にブログを書いているケースが多く、兼業ブロガーをイベントに呼びたいのであれば、休日や夜の時間帯にするなど、参加のしやすさを考慮する必要があるでしょう。

・**人気ブロガーがつくり出す流行**

　ブロガーによって流行が生み出されるきっかけとなったものの一つに、セブン‐イレブンで売られている「サラダチキン」が挙げられます。会社員で元記者（当時）のnarumi氏の個人ブログでダイエットによいと2013年10月に紹介されると[※2]、それが引き金となって他メディアに多数取り上げられ、ソーシャルメディアでもさらに拡散されて品薄状態を引き起こしました。他にも同氏が紹介したレストランが人気店になっています。大手ビールメーカー、家電メーカー、IT企

※2
Blog@narumi http://narumi.blog.jp/

業などもブロガーを記者会見に招いたり、特別な説明の場を設けたりするなど、広報担当者にとって、こうした知名度の高いブロガーとのリレーションは非常に重要です。このように世間一般への強い影響力や発信力を持つ人たちをインフルエンサー、小規模ながらも特定分野で影響力を持つ人をマイクロインフルエンサーと呼びます。

・メディアとの付き合い方

　様々なタイプのメディアがある中で、広報担当者が積極的に関係を築くべきはどのメディアでしょうか。これは、自社の製品やサービスの内容によって大きく異なります。まずは、自社のステークホルダーの分析と、媒体の読者分析が必須となるでしょう。たとえば、自社製品がBtoB（企業向け）なのか、BtoC（個人向け）なのか。企業向けの場合は対象となる意思決定権者の人物像を考えるべきであり、個人向けの場合は性別や年齢層などからマッチする読者層を持つメ

第15章のポイント

- ☐ インターネットとスマホの普及によりメディアが変化し、また一般生活者の情報接触行動も変化している。
- ☐ ブロガーやインフルエンサーなどを含む一般人が「メディア化」した結果、付き合うべき人が広範にわたるようになった。
- ☐ メディアとの連絡手段も多様化し、SNSを使うなどデジタル化している。
- ☐ メディアとの付き合いは「継続」が必要。一度で終わりではない。
- ☐ 取材の方法も変化している。
- ☐ プレスリリースの形式だけでなく送り方も多様化しており、ワイヤーサービス（プレスリリース配信サービス）の利用も進んでいる。

ディアをメインターゲットとします。また、媒体の発行部数（オンラインの場合はPVなどの指標）も考慮する必要があるでしょう。

15-2　適切な媒体の選定とメディアとの付き合い方

メディアとの関係構築

メディアと関係を構築する一般的な流れについて、雑誌を例に考えてみましょう。

1）情報収集と下準備

まず、各メディアの特性を理解するために、図書館などを利用して候補となる媒体に目を通し、自社の情報がマッチするかどうかを事前に調査します。競合他社の記事を検索し、掲載媒体を把握する方法も有効です。自社が行うイベントやセミナーの参加者アンケートなどで「購読しているメディア」を尋ね、それを活用する方法もあります。

2）コンタクト情報の入手と面会

雑誌の奥付に掲載された編集部の電話番号や電子メールアドレスなどから、担当者の連絡先を入手します。代表番号であっても、会社名や目的を適切に伝えれば担当者につないでもらえるでしょう。また、自社の内容に興味を持ってくれそうな署名記事があれば、その記者名を伝えることでスムーズにコンタクトがとれるはずです。可能であれば会って話す機会を早期に設定し、先方の関心事を探るとともに適切な自社情報の提供を行います。

3）リレーションの継続

　先方は日頃から多くの企業広報担当者と会っています。一度、会ったからといって安心せず、継続的にコンタクトをとって記憶にとどめてもらう努力をするとともに、タイムリーな情報提供を行うことが大切です。プレスリリースも媒体に合った適切なものを選んで送付するようにします。

4）接点の変化

　デジタル時代においては、上記の流れの中に様々な手法が入り込んできます。人によっては電話よりもSNSでの連絡が適切だと感じているケースも多く、今やメインの連絡手段はFAXや電話から電子メールへ、そしてSNS（スマホを活用したメッセンジャー含む）へと変貌しつつあります。たとえば、ある経済紙の記者は、広報担当への問い合わせの一次手段としてFacebookのメッセンジャーを、別の記者はLINEを活用しています。既読／未読が一目でわかり、会議中であっても電話のように中座せずに返事をすることも可能など、リアルタイムに近いタイミングで返答が得られるメリットは大きく、多忙な相手に対しては適切な連絡手段になりつつあると言えるでしょう。

関係を築くべきメディアの種類（従来メディア）

　次に広報担当者が関係を築くべきメディアについて、まずは従来からあるメディアについて見ていくことにします。

・新聞

　新聞は上場企業の記事を大きく扱うなど、万人の関心事を大きく扱う傾向にあります。自社の発信情報が一般の人々とどのように関係するのかを整理し、明確に説明したうえで付き合う必要がある媒

体と言えます。記者は異動が多く、1年、早い場合は半年で別の担当に変わってしまうこともありますので、異動のタイミングで後任を紹介してもらえるような関係性を築いておきたいところです。また、近年では販売部数の低迷を受けて電子版に力を入れる新聞社も増えており、オンライン上では頻繁な記事更新も行われています。

・テレビ

　テレビは「絵になる」ことが重視されるメディアであり、取材に数時間かかった場合でも放映時間は数分ということが普通に起こる世界です。B to Cがターゲットとなる情報番組などが多く、それに沿った製品やサービスの情報であれば取り上げられやすい傾向にあります。また、テレビ局からの問い合わせに対し、時間帯を問わないこまめな対応が可能であることを伝えると、パブリシティーの獲得につながりやすいでしょう。また、番組の名刺を持っていても社員ではない、いわゆる社外プロデューサーが少なくありません。特に人気報道番組などでは、彼らにプレゼンテーションを行うことで報道の必要性を訴えかける必要があります。その際、かなりの工数を割くことになるため、企業の広報担当者が直接アプローチするよりも、それを専門とするPR会社に任せるケースも少なくないようです。直接、番組プロデューサーとコネクションを築く方法もありますが、まずは専門誌やインターネット媒体への掲載を優先し、そこから派生して番組で取り上げてもらう流れのほうが、関係を築きやすいでしょう。

・雑誌

　人物インタビューなどで社内の人材を取り上げてもらうなど、こちらから働きかけることできっかけをつくることができます。特集記事などの取材や執筆においては、外部の専門ライターや有識者が担当することも多く、その場合は編集者だけでなく、外部スタッフと

のリレーション構築が必要となります。自社製品やサービスについて、普段から寄稿や連載、書籍出版、講演をしているライターや業界有識者とのリレーションを築いておきたいものです。

・通信社

　通信社は特に地方紙との連携が強く、通信社が取材した記事を地方紙が取り上げるケースが多く見られます。この場合、一つの記事が十近い県の新聞で掲載されるといったケースもまれではありません。したがって、通信社とのコネクションを持っておくと、直接的なリレーションを築きづらい地方紙への掲載の近道となります。

・業界紙

　企業向けのニッチ製品の広報を行う場合は業界紙がメインターゲットとなります。顧客になるような企業で購読されているケースも少なくないはずです。専門性が高い媒体なので、記者の知識も高度であり、専門的な内容の情報提供が好まれます。企業の広報担当者は記者に比較的会いやすく、関係性を築きやすい媒体です。製品がニッチであればあるほど、まずはここから接触を図りたいところです。業界紙やインターネットメディアは四大媒体のネタ元となることも多く、情報の波及効果も見込めます。

・産業アナリスト

　PRではなくARという言葉がありますが、それは「アナリスト・リレーションズ」の略です。産業アナリストが所属する調査会社では、定期的にアナリストレポートと呼ばれる刊行物を発行しているため、自社製品のカテゴリーを調査しているアナリストとの関係性の構築は非常に重要です。マーケットシェアのランキングに掲載されれば知名度の向上も見込めますし、製品導入時に参考にされる場合も少

なくありません。また、適切な方法で許可を取れば、そのマーケットシェアを自社Webサイトで公開したり、プレゼンテーションで活用したりすることも可能です。

・記者クラブ

　記者クラブを活用したレク（説明会）やプレスリリース投げ込みを行う場合は、適切なクラブを調べるとともに、そのクラブの決まり（何時間前に手続きをし、主幹事の承認を取り、何部のプレスリリースをどのように持っていき、どこに置くかなど）を確認し、適切に対処する必要があります。

インターネットメディア（オンラインメディア）

　インターネットメディアには、オンライン専業（『ITmedia』など）と兼業（『日経ビジネス』など）があります。新聞などとは異なり、記事の分量やスペースの融通がきくため、取材を受けたのに扱いが小さいというようなケースは起こりにくい媒体です。スピーディーでフットワークが軽く、発表会開催中に記事の執筆が行われ、終了直後にニュースが掲載されることも少なくありません。会見の動画がそのまま記事中にアップされるケースもあります。担当記者の専門性は高く、異動も比較的少ないようです。

・ソーシャルメディア

　TwitterやFacebook、画像共有サービスのInstagramなども、デジタル時代においては重要なメディアです。ただし、これらのメディアは主流が移り変わりやすい傾向にあります。たとえば、2000年代に着目されたmixiは今やゲームが主戦場となり、ソーシャルメディアとしてのアクティブな利用は減少しています。これらのソーシャ

ルメディアを企業広報として活用する場合、いくつかの側面が考えられます。

　一つ目は企業自らが発信するという方法です。企業が公式アカウントを作成し、自社のニュースなどを発信します。これらの発信を行いやすくするために、一つの投稿を複数のソーシャルメディアに時間指定で投稿できるツールも提供されています（SocialStudio、Hootsuiteなど）。二つ目は著名人が投稿するパターンです。著名人によるソーシャルメディアでの投稿は大きな影響力を持っています。企業はこれらの人々に対し、必要な時にただ情報を提供するだけでなく、定期的に情報交換をするようなリレーションを持つことが求められています。三つ目は一般人による投稿です。著名人の投稿を広めたり、企業発信の情報を広めたりする機能を持ちます。「リレーション」という観点で見ると、二つ目の著名人のケースが該当しますが、場合によっては自社情報を拡散している一般人を招いてのイベントやヒアリングなども有効なコネクションになりますし、後述するアンバサダーになってくれる可能性も秘めています。

・ブロガー

　ブロガーのレベルは千差万別です。記事を書くトレーニングを積んでいない書き手も多く、また偏った自説を拡散するブログや、炎上によってPVを増やすことを目的としているブログもあります。反対に、ブロガーを名乗っていても、一つの業界メディアとして通用するレベルのものもあり（IT業界のPublickeyなど。筆者は元記者で高いクオリティーのブログを提供している）、名刺の肩書きだけに惑わされてはいけません。リレーションを築いて情報提供を行う前に、過去記事などを十分に調査しておく必要があるでしょう。また、相手はプロではありませんから、記者発表会や取材に参加したら当日の発表内容にフォーカスした記事を上げるもの、という暗黙の了

解が通じないこともあります。たとえば、「記者会見の案内状が適切でない」などと書いたり、当日配られた弁当のほうに重点を置いた記事を書いたり、そうした事も事前に承知しておかねばなりません。Yahoo!などのブロガーポータルには個性的で人気のある書き手が多くそろっており、高いPVが見込めることから、自社製品の該当分野に見識のある書き手を見つけた場合は、日頃からリレーションを築いておくとよいでしょう。

・オウンドメディア

　企業が自ら発信できるメディアです。一般的な定義としては、企業の製品情報の発信ではなく、製品のターゲットとなる読者に役立つ情報を提供するメディアと位置付けられています。多くの企業では社員である広報担当者が編集長となっていますが、外部からメディア経験者を採用したり外注したりして、オウンドメディアの短期立ち上げを狙うケースも増えています。オウンドメディアの利点は、企業側が自由に中身を決定できる点にあり、記事化の決定権も握っています。しかし、役立つコンテンツを頻繁に投稿し続けなければ多くの人に見てもらうことは難しくなります。流行によりオウンドメディアが乱立していますが、その多くはクオリティーを担保できていないというのが実情です。

　オウンドメディアの場合、社内の書き手や、外部の執筆者、フォトグラファーなどが付き合う相手となります。彼らと適切な情報交換を行い、読者に読まれるコンテンツを継続して提供することが求められます。また、他社のオウンドメディア編集長とのリレーション構築も大事な側面です。なぜなら、オウンドメディアの場合、自分が発信するだけでなく、拡散力を持った他社のオウンドメディアに取材してもらうことも可能だからです。普段から先方のメディアの情報を収集するとともに「このような内容なら取材のセッティン

グが可能だ」ということを、伝えておくとよいでしょう。

・ニュースアプリ(キュレーションメディア)
　機械的にインターネット上の拡散状況を拾い上げ、スマートフォンアプリで紹介するニュースアプリの場合、直接のリレーションをとっても記事掲載に効果はありません。問い合わせ先として公開しているメールアドレスにプレスリリースが送信され、受け手側では困っているケースも見られます。このようなメディアとの付き合いの方法としては、そのアプリに掲載されやすいフォーマット(規約)にオウンドメディアを合わせておくことです(スマートニュースの場合はスマートフォーマットなどSmartFormat仕様 https://www.smartnews.com/smartformat/ja/)。普段からフォーマットを合わせておけば、特に何もしなくても、話題性のあるニュースが自動的にアプリ内で紹介されるようになり、情報の拡散が狙えます。

その他のメディア、人など

　先に挙げたメディアのほかにも広報活動として関係を築くべきメディアや、人などがあります。

・ログメディア
　講演のログをそのまま掲載するメディアが出てきました。たとえば、『ログミー』のような媒体です。相づちや冗長な部分はカットされますが、講演会場で録音したテープをもとに記事化されます。

・エバンジェリスト
　技術系のサービスを提供する企業には、自らがその製品やサービスの良さを語って広める自社のエバンジェリスト(伝道師)という役

職の人間が存在する場合があります。企業の広報担当者は自社のエバンジェリストと密に連携を取り、彼らが情報を適切に広められるようにサポートする必要があります。

・アンバサダー

　製品やサービスを啓蒙するファンのことをアンバサダーと呼びます。欧米ではブロガーなどが報酬を受け取り、この職務に任命されるケースもありますが、日本では製品優待価格などで入手できるファンによる啓蒙活動、たとえばネスカフェ アンバサダーなどもあたります。企業側はアンバサダーが製品やサービスのメリットを伝えやすいようにサポートするほか、イベントなどを通じてファンでい続けてもらえるよう努めることが求められます。

・動画メディア

　特に注目を集めているのが動画メディアです。テレビのニュースもインターネット上に動画としてアップされるようになり、それも一つのメディアとして機能しています。企業側が公式動画をYouTubeにアップする動きも増えており、それらの動画のリンクをプレスリリースに埋め込むケースも見られます。これらの動画メディアとしては、YouTubeをはじめ、TwitCasting、Snapchatなど趣向を凝らしたサービスが次々に登場しています。また、ソーシャルメディア上でも動画の再生が行えるようになっています（Twitter、Facebook、Instagramなど）。

・ペイドパブ

　ペイドパブは文字どおり、ペイドパブリケーション（Paid publication）の略で、記事体広告とも呼ばれるものです。つまり、デザイン性の高い広告（純広告）ではなく、一見すると記事のように

見える広告を作成し、広告費を払って掲載するものです。ニュース性が高くない製品をアピールしたい場合や、顧客の利用事例など、事前に確実に内容をチェックしてから掲載したい場合に向く手法で、テーマを定めて関連企業の広告をまとめて掲載するケースが多いようです。通常、コンタクトする先は媒体の広告営業担当者です。すでに付き合いのある媒体であれば、担当者から適切な企画の紹介があるはずです。そうでない場合は適宜メディアの広告資料を確認する必要があるでしょう。

このペイドパブにおいては、デジタル時代の今、よりコンテンツ（記事）との親和性が求められるようになってきています。コンテンツ内に親和性を持ってとけ込んでいるものをネイティブアドと呼び、広告であるという意味の「Sponsored」「PR」「広告企画」などの但し書きがないものはステルスマーケティング（ステマ）と呼ばれます。ペイドパブ（Paid Publication）、アーンドメディア（Earned Media：獲得したメディア）、シェアードメディア（Shared Media：シェアされるソーシャルメディア）、オウンドメディア（Owned Media）の頭文字を取り、PESO（ペソ）モデル[※3]などという言い方もされています。

メディア・リレーションズで具体的に実施するアクション

メディア・リレーションズで具体的に実施するアクションの流れを以下に示します。メディア担当者はとても忙しいため、長時間相手を拘束したり、何度もこちらの都合で連絡をしたりするような行為は慎みたいものです。事前にできるだけ資料などを準備しておく

※3
「socialmediaexplorer」
https://www.socialmediaexplorer.com/online-public-relations/the-digitization-of-research-and-measurement-in-public-relations/

ことも大切です。

1) メディアへの訪問
　アポイントを取り、資料を持って訪問します。トランプの札のように次々と異なる企画を出すようなPR会社もありますが、企業の広報担当者としては、自社のネタを中心にいくつかの周辺情報も織り交ぜた資料を用意していくとよいでしょう。

2) メール配信
　電子メールの利点は、電話などとは異なり、多忙な相手の行動を妨げる心配がないことです。とはいえ、先方は毎日のようにメールで大量のプレスリリースを受け取っているはずですから、ただ送るだけでは埋もれてしまう危険性があります。

3) 電話でのアプローチ
　しつこい電話は逆効果ですが、内容の重要度や緊急度によっては、個人の携帯電話にかけるのが適切な対応となるケースもあります。また、多くのPR会社では、メールで送ったプレスリリースの到着確認や記者会見の出欠確認を電話で行うことがあり、これらが頻繁に行われるため、相手の電話対応も機械的になりがちです。メールを送って様子を見るか、電話で確認を行うか、そのつど先方の状況を考慮したアプローチが求められるところです。

4) FAXでの同報
　あまり使われることもなくなってきたFAXですが、相手によっては「まずはFAXで」と言われるケースもあります。また、スパムメールを避けるためにメールアドレスを公開せず、FAX番号のみを公開しているメディアもあります。「FAXはもう古い。使われていない」と決

めつけることなく、その時々に応じて適切な方法をとりたいものです。

5）食事を交えてのカジュアルな情報交換

　食事を交えてカジュアルに情報交換することもリレーションの構築においては有効な手段となりえます。デジタル時代であっても、やはり対面によって得られる情報は大きいものです。その際、先方が仕事に戻りやすいよう、会社近くの飲食店で、開始時間も遅めに設定するとよいでしょう。また、突然の事件などで直前にキャンセルになる可能性も想定しておくべきです。

　新聞社などでは企業の広報担当者に食事代を出してもらうことが禁止されており、その場合は割り勘となるので、高額な飲食店は相手の負担を考えて避けたほうがよいでしょう。取材経費として申請できるメディアや、このような費用は企業側が払うべきとしているメディアもあり、媒体ごとに規定が異なっているので注意が必要です。

6）ソーシャルメディアでの連絡

　デジタル時代には新たな連絡チャネルが加わりつつあります。それが、FacebookのメッセンジャーやLINEを利用したコミュニケーションです。このような連絡方法を好まない人もいて、何が適切な手段となるかは人それぞれです。2013年11月、企業の広報やマーケティング担当者とメディア担当者たちの交流会「ITマーケ広報meet up 2013」が開催された際、ソーシャルメディアを活用したコミュニケーションの取り方が話題となりました。登壇した『ASCII.jp』の大谷イビサ記者は、実際にFacebookのメッセンジャー経由で企業から連絡があり、そこから取材をして記事となったケースなどを明かしています。[※4] また、ある大手企業の広報室長は、@付きのツイートで、特定のブロガーに自社のブロガーイベントを告知していました。このように、記者やブロガーなどの書き手に対する連絡手

段も大きく変化しています。

7）取材対応

　取材は目的別に、①ニュース取材、②深掘り取材、③人物取材、④情報収集、の四つに分けることができます。どの取材にも共通する部分を先に説明しておきましょう。まずは、取材を受けるか否かという問題です。未知の媒体や記者からの依頼である場合、インターネット検索や図書館に行くなどして、事前に先方の情報を収集することが大切です。そして、前述したように、その媒体が自社のターゲットに合っているか、また署名記事などを調べて記者の興味・関心事などを探っておきます。

　その媒体指定の取材依頼書がある場合は、その内容を読み込んで必要なものを事前に用意しておきます。そうした決まり事がない媒体に対しては、可能な範囲で（媒体によっては提供してもらえないケースもある）撮影の有無、いつまでに取材をセットすればよいか、掲載時期などについて確認を取るようにします。

　①のニュース取材は、文字どおりニュース記事を書くための取材ですから、プレスリリースや発表内容を簡潔にまとめた資料を渡し、それに沿って記者の疑問点を解決したり補足説明をしたりします。新奇性のある内容が好まれ、取材にかかる時間は短く、実際に掲載されるスペースも狭いことが多いでしょう。掲載までの時間が短く、オンラインメディアであれば、取材の2～3時間後には記事がアップされていることもあります。

※4
「IT業界にpr会社は必要か」（2013）
http://www.slideshare.net/ibisaotani/itpr

②の深掘り取材は、メディアの特集で取り上げられたり、連載記事中で大きく扱われたりする場合の取材です。自社に招いたり、自社製品のユーザー企業を訪問したり、様々なケースが想定されます。事前にテーマに合わせたプレゼンテーション資料を用意しておくと取材がスムーズに運びますし、こちらで提供するべき写真素材なども明確になるでしょう。事実関係（製品の発売時期、ユーザー数など）を資料に盛り込んでおくと、より正確でわかりやすい記事に仕上がります。

　③の人物取材は、人物にフォーカスした取材、いわゆるインタビュー取材です。事前に、プロフィールやポイントとなる出来事を時系列で資料にまとめておくと、進行がスムーズになります。事実誤認がないよう事前にゲラをチェックできるかどうか、必ず確認しておきましょう。確認ができないメディアもあるので、インタビューを受ける側もできるだけ時系列でわかりやすく話をするよう心がけたいものです。また、同時に写真撮影を行う場合が多いため、そのメディアの過去記事を参照して、どのような装いが適切なのかを踏まえておくことも大切です。

　④の情報収集とは、すぐに記事掲載は望めないながら、先方に情報を提供するものです。マーケットを正しく理解してもらうことで、先の特集記事への布石になることもあるので、自社の情報だけでなく、なぜ今この分野が注目を集めているかといった客観的な情報（統計資料など）なども合わせて提示することが重要です。

　産業アナリストによる取材も、基本的には情報収集モードと言えるでしょう。この場合、中身の確認はできませんが、有償で提供されるアナリストレポート（業界別の調査資料。数十万円などで販売される）で扱われれば、将来の見込み客に読んでもらえる可能性も高く、丁寧に細かく対応する必要性があります。

　最後に、イレギュラーなケースとして、取材と称して金銭を要求し、

無名のメディアに掲載されるといういわゆる「取材商法」もあるので、注意してください。大抵の場合、企業のトップと一昔前の芸能人やスポーツ選手との対談という形で話が持ちかけられ、「印刷費の一部を負担してほしい」「多く払えば大きく掲載される」などという話になります。これらの媒体に記事が掲載されると同種の売り込みが増えることになるので、事前にリサーチをかける手間を怠ってはいけません。媒体名を調べれば大概の判断はつくはずです。

15-3. メディアと関係を構築するための取材対応

デジタル時代の新しい取材

デジタル時代に増えた新しい取材方法として、「オウンドメディア取材」「ブロガー取材」「こたつ記事」というものがありますので、以下に説明していきましょう。

・オウンドメディア取材

文字どおり、企業のオウンドメディアに掲載される記事のための取材です。現在は、企業が読者のためになるコンテンツを用意してPVを上げて、ステークホルダーの注目を集める手法が流行しています。元記者や編集者などメディアの専門家を社員として採用したり、オウンドメディア代行会社に依頼したり、従来のメディアに迫る高いクオリティーのものがある一方で、「オウンドメディアが流行っているから」「なんだか注目を集めそうだから」という安易な動機で立ち上げられたものの中にはあまり高くないレベルのものが多く、玉石混淆の状態にあります。

取材依頼があった際の広報担当者の対応としては、ある程度厳しくメディアの選定をすることに尽きるでしょう。たとえば、知名度がない、過去記事を見て誤字脱字が多い、宣伝と思われる偏った記事が多い、明らかに記事のクオリティーが低い、と感じたメディアからの取材は断るほうが賢明です。また、レベルの高いメディアの場合はさほど心配する必要はありませんが、可能であれば事前に原稿チェックをさせてもらうほうがよいでしょう。従来型のメディアと違い、オウンドメディアでは事前の原稿チェックが可能なケースが多いようです。

・ブロガー取材
　少し前のアルファブロガーの流行を経て、アフィリエイト広告を主な収入源とした30代のブロガーが台頭してきました。彼らからの取材を受ける場合は、相手の素性やレベルを確認し、それに合わせた情報提供を行うことが望まれます。そのブロガーが過去に大きな炎上（ネット上のトラブル）を起こしていないかなども調べておく必要があるでしょう。自社製品に興味を持ち、何度も取材に来てブログに記事を上げてくれるブロガーが過去に大きなトラブルを起こしている場合、自社製品に風評被害が及びかねません。ブロガーとのリレーションにおいては、そのようなリスクがあることを承知しておくべきです。

・こたつ記事
　この言葉はあるジャーナリストが、現場を取材せずに書かれた記事を揶揄して「こたつに入って書いた記事」と言ったことに由来しています。こたつ取材、ネット取材とも呼ばれるこれらの記事は、インターネットの普及によって激増しました。こたつに入ったまま、体を動かさずにネット上にある既存の情報をもとに書かれるため、

場合によっては事実誤認の記事から新たな記事が生み出される可能性もあるわけです。大手メディアであれば、このようなことはほぼありえませんが、とにかくPVさえ増えればよいというキュレーションメディア、バズメディアなどを介して誤った情報が拡散しやすい傾向にあります。こういった被害を防ぐ手段として、まずは自社Webサイトに正しい情報をわかりやすく入れておくことも重要です。それにより、こたつ取材者であっても公式の正しい情報にたどり着けるからです。

記者や編集者との様々な取材接点

　目的別ではなく形態別に取材を分類すると、以下のようになります。

・記者説明会
　学校の机のように並べた座席（スクール形式）で実施するもので、企業側の話し手が前に立ち、発表事項を説明します。プレゼンテーションのあとは質疑応答に移り、写真撮影などを経て、ぶら下がり（囲み取材）を行い、終了となります。広報担当者にとっては、一度の説明で複数の記者に情報を伝えることができる効率のいい方法です。単にプレスリリースが送られてくるだけでなく、質疑応答によって疑問点が解決でき、写真撮影もできるので、取材側からも好まれています。取材者が出席しやすい交通の便の良い場所で実施されます。

・一対一のインタビュー
　記者が直接、企業の社長や製品担当者に取材をする形式です。一対一と言っても、広報担当者は必ず同席して、傍らで進行や終了時間の管理を行います。

・ラウンドテーブル

　一つのテーブルを囲んで企業側の話し手と記者が座り、比較的少人数で行う取材方式です。落ち着いた状況で、視線を合わせて話ができるので、質問もしやすいスタイルです。

・勉強会

　その会だけで記事になることを前提とせず、将来的にネタとしてもらうために、業界や製品の知識を深めてもらう目的で行うものです。参加する記者の側も、記事にしなくてもいいことから気楽に臨めるようです。

・ブロガーミーティング

　ブロガーをターゲットとした説明会です。対象がメディアの人間ではなく、一般人、つまり顧客ともいえる立場であることから、エンターテインメント性が重視され、豪華な食事などが供される場合もあります。昼間は働いているブロガーが多いので、出席しやすい夜にレストランなどを貸し切って開催されることが多く、施設のオープン前などに招待制で開催するケースもよく見られます。

・電話取材

　電話取材には二種類あります。一つは、受け取ったプレスリリースや企業の公開情報に不明な点があり、確認するための補足取材。もう一つは、ある事件などをきっかけに、その関係者、業界有識者に電話で突然取材を行うもので、「電凸：でんとつ」などと呼ばれます。たとえば後者の事例では、ある娯楽施設のチケット転売禁止を受けて、チケット再販売サイトの運営会社に通信社から電話があり、そこで答えた内容が引用されて数多くの地方紙に掲載された事例などがあります（2015年初冬）。企業として、こうした取材チャンスを享受

するには、日頃から意見をまとめてブログなどで公開しておくこと、担当者が電話にすぐ対応できる状況にしておくこと、です。どちらの取材も先方は至急の回答を欲しており、締め切り時間を確認のうえ、できるだけ即答することが望ましいでしょう。

15-4. プレスリリースとはなにか、その役割

プレスリリースは記者へのラブレターである、といわれます。実際には「記者にニュースの元ネタをわかりやすく伝えるための資料」なのですが、要するに、受け手のことを考慮し、必要な情報を簡潔に示す必要があるということです。

プレスリリースの書き方・送り方

プレスリリースにおいては、コンテンツ、タイトル、時期（頻度）、送信先の四点が重大な鍵を握っています。それらを一つずつ詳しく見ていきましょう。

・プレスリリースのネタづくり

プレスリリースのネタづくりにおいては、社内や社外との情報交換が欠かせません。季節に関係するものや、ユニークなものが取り上げられやすい傾向はありますが、同じネタが集中すると他社からのリリースに埋もれて、結局、取り上げられにくくなってしまいます。バレンタインデーの時期はどうしてもバレンタインネタのリリースが増えますが、そんな中、2015年2月2日、「『花粉のない沖縄で働きたい』社員の一言から新制度を導入」というプレスリリースを配信

したspice lifeというベンチャー企業があります。内容は、花粉症で悩んでいる社員の一言がきっかけで、パフォーマンスを上げられる仕事環境を提供するため、リモートで働く制度を開始するというものでした。結果として、著名なネットのニュースに複数の記事が掲載されたほか、(『ガジェット通信』『ねとらぼ』など)、『ITmediaヘルスケア』からの追加取材により、制度のきっかけとなった社員が写真入りで登場する記事が掲載され、さらには夕方のニュース番組でも取り上げられるなど、たった一本のプレスリリースによって大きな広報効果を上げることに成功しました。季節感のあるネタであっても、まだ他社が使っていない切り口を用いたことによる成功例と言えるでしょう。

・プレスリリースのタイプ

プレスリリースのタイプとしては、基本的に以下の三つに大きく分かれます。

①新しいものの発表
  ▷ 新製品・新サービス(○月×日に新製品△を発売開始)
  ▷ 新会社(○月×日に新会社を設立)
  ▷ 新社長(○月×日に新社長が就任)
  ▷ 新パートナー(○月×日に△と新しい代理店契約を締結。販売チャネルが増加)
  ▷ 新キャンペーン(○月×日に△キャンペーンを開始)
  ▷ 新規イベント(○月×日に△セミナーを開催予定)

②採用事例(○●企業が××を△の改善のために採用し、利用を開始した)

③調査リリース（○●の調査によれば、××の利用者が1万人を突破した）

・**基本構成と入れるべき内容**
　プレスリリースの基本構成は以下のようになります。重要な部分から始めて先に結論を述べるという逆ピラミッドのスタイルです。

①タイトル（メインの題目）
　▷ タイトルに関しては、中身を見なくても重要度がわかるように工夫します。たとえば、著名な企業であれば企業名を入れたり、今流行の出来事とかかわっている事柄であればそれをタイトルにも含めたりします。

②サブタイトル（タイトルを補強する）

③箇条書き（ないこともある。サマリーを最初に入れておく）
　・第一パラグラフ（今回の発表内容を簡潔に。誰がなにをどうしたか）
　・第二パラグラフ（第一パラグラフの背景、なぜ、今、どのような理由で）
　・第三パラグラフ（補足。あればより一層わかりやすくなる追加情報。内容を掘り下げる）
　・第四パラグラフ（クオート。関係者の言葉を引用して今回の発表に重みをつける、または販売目標などの今後の展望を付加する）

④本文

⑤ボイラープレート（毎回最後に入る企業紹介文）

⑥問い合わせ先

・プレスリリースの文章表現
　プレスリリースの文章表現は、ターゲット（受け手）により変わります。従来型のメディアを対象にするのであれば、基本を忠実に守って、理解しやすく記事を書きやすい表現を心掛けます。ネットメディアやブロガーが対象であれば、インパクトのあるタイトルや「！」などの感嘆符も利用可能です。

・プレスリリースに盛り込むべき項目
　プレスリリースには発表内容を「後押し」して、記事化を促進する資料を含めることが望まれます。客観的な数字や売り上げ目標、マーケットシェアに関する統計的な数字（自社調べではないもの）があるとよいでしょう。また、画像や図版などビジュアル資料があると、読者にイメージが伝わりやすく、そのまま記事中で利用されることも多くなります。デジタル時代になって、ソーシャルメディアでのシェアも考慮した場合、シェアされた場合に目につきやすい写真や図、シェアしたくなるようなコンテンツ、といった工夫の重要度が増しています。今、流行しているデジタルサービスを踏まえ、それにふさわしい形式で提供を行うことを心掛けましょう。また、プレスリリースを受け取った記者から問い合わせが来た場合、その時に連絡が取れないと記事掲載のチャンスを失う恐れがあります。広報担当者はできるだけ連絡のつきやすい問い合わせ先を掲載しておくことが大切です。

・送信時間・時期
　プレスリリースの送信タイミングは悩みどころですが、ワイヤーサービス（後述）のサイトを見ると、企業のプレスリリースがいつ頃送信されているかがわかります。多くの場合、記者たちが活動をしてい

る時間帯で、なおかつオフィスに戻って執筆活動に入る前の時間帯に届けるという意味で、日中10〜15時あたりの配信が多いようです。※5 あまり早い時間に送ると、他社のリリースに埋もれてしまう可能性があります。また、大きな展示会の開催前は新製品発表のプレスリリースが増えます。なぜなら、どの企業も展示会で発表する新製品の情報を記者に事前に伝えたいからです。もし、自社がその展示会に出ないのであれば、あえてタイミングをずらすのも一つの方法です。

・送信先と送信方法

送信先は、普段から付き合いのある記者など、自社で作成しているメディアリストから選定します。自社が複数の製品やサービスを抱えている場合は、全部を同じ相手に送るのではなく、ターゲットを絞って送るようにするとよいでしょう。

・ワイヤーサービスの活用

プレスリリースの配信方法として、ここ数年、よく選択肢にあがるのがワイヤーサービス（プレスリリース配信サービス）です。国内でも「PR TIMES」「@Press」「ニューズ・ツー・ユー」「ValuePress!」「ドリームニュース」「ビジネスワイヤ」「共同通信PRワイヤー」などがあります。

これらのサービスを使えば、企業内でコンタクト先のないメディアにもプレスリリースを送ることができるだけでなく、プレスリリースの内容がコピーされて、いくつかのニュースサイト内にある「プレスリリース」のコーナーに掲載される仕組みになっています。非常に便利な反面、弊害として余りに多くのプレスリリースが送信され

※5　上場企業で適時開示事項に当たる場合は必然的に15時以降となる。

てくるため「このアドレスからのプレスリリースは自動的にゴミ箱に入れ、後日、配信サービスのサイト上で検索をかけて必要なものだけ取り出す」と言っている記者もいます。

・ソーシャルメディアでの拡散に利用

ここ数年、ワイヤーサービス経由や企業が直接発信したプレスリリースを、記者たちの記事執筆の情報源としてではなく、ソーシャルメディアでの情報拡散を狙ったコンテンツとする事例も出てきています。サービス提供社側もそれを利用理由として提示するなど（PR TIMES社サイトなど）、以前はSEO対策（企業Webサイトへのアクセスを増やすための施策）として利用されてきたサービスの役割が変わってきた格好です。たとえば、飲食店の検索サイト「ぐるなび」が、ビールを「よく飲む」都道府県ランキングのインフォグラフィックス（情報やデータを視覚的に表現したもの）を作成し、「PR TIMES」の配信サービスを利用して配信したところ、大量のシェアやリツイートをソーシャルメディア上で獲得しました。[6]

同時に「飲まない」県についても言及し、その理由も書いたところ注目を集め、多くの人が自分の意見コメント（同意する、自分はこう思うなど）を書き加えてソーシャルメディア上に書き込んだことで、幅広く拡散したといいます。この事例は、インターネット上で受ける話題性を持った情報は、一般の人に着目されて一気に広がるという好例と言えるでしょう。

※6
「1位東京は1人あたり1年でジョッキ90杯分。ワースト3は奈良、鹿児島、埼玉。あなたの県は何位ですか？『ビールをよく飲む都道府県ランキング』」（2013年7月9日）より。
http://r.gnavi.co.jp/sp/beer/infographic/

15-5. 第15章のまとめ

　デジタル時代にはメディアとのリレーションのつくり方や維持の仕方、またプレスリリースの配信方法まで大きな変容を遂げています。広報担当者としては、基本を押さえたうえで適切な対応をしていきたいものです。

・メディアの変化と一般生活者の情報接触行動の変化
　インターネットの普及と技術革新により、四大媒体だけでなく新しいメディア（ブログやまとめサイトなど）が出てきました。ソーシャルメディアの登場で、ボタン一つで情報が大きく拡散する仕組みができて、スマホでニュースを閲覧する人も増えています。情報の流通経路も大きく変わった今、広報担当者はそれらを十分に考慮する必要があります。

・一般人が「メディア化」、付き合うべき人が広範に
　従来の記者や編集者とだけリレーションを築けばよいという時代は終わりました。メディア担当者としての名刺を持たない一般人も情報発信に大きな力を持つようになり、広報担当者は広範な人々と異なるレベルで付き合っていく必要に迫られています。

・メディアとの接点が多様に
　メディアとの接点も多様化しており、電話や対面だけでなく、様々なインターネット上のツールを利用したコミュニケーションが必須となっています。広報担当者には相手に合わせた方法で接点を持つためのスキルが求められています。

・様々なタイプの取材

　対面による取材だけでなく、インターネット上の素材を使って記事を書くようなケースも見られるようになってきました。基本的に事前に記事を確認できないケースが多いため、どんなタイプの取材であっても、取材前に適切な資料を用意しておくことが重要です。

・プレスリリースの活用

　プレスリリースはその形式を整えるだけでなく、送信方法やタイミングにも工夫が必要です。ワイヤーサービス（プレスリリース配信サービス）の利用も進んでいます。それをもとに記者たちに記事を書いてもらうのみならず、インターネット上での情報拡散をサポートする用途でもワイヤーサービスが利用されるようになってきました。

<了>

第16章

広報業務にかかわる法務

執筆：TMI総合法律事務所 弁護士
　　　中村勝彦

16-1. 広報業務にかかわる法務とはなにか？

　広報業務と法律の関係を考える時は、逆説的かもしれませんが、法律を重視しすぎることにならないよう留意する必要があります。もちろん、企業活動において様々な法令を重視し遵守すること（いわゆる法令遵守）は当然のことですが、その点だけが強調されると、法令を遵守しておけば問題ないという発想になってしまう恐れがあります。単なる法令遵守ではなく、社会倫理等も含め、顧客や社会の要請、期待に広く応えていくという「コンプライアンス」に根ざした広報活動を行っていくことが重要です。

第16章のポイント
- □ コンプライアンスの観点から、広報活動に必要なリーガルマインドの基本を身につけることが大事。
- □ 不祥事が発生したときのような「有事の広報」では、単に「法令遵守」の観点から行ってしまうと、新たなリスクを発生させてしまう恐れがある。
- □ 良い知らせ・情報を広報していく「平時の広報」では、広報行為そのものが違法行為に該当してしまうことがある。
- □ 広報活動は社会倫理等も含め、顧客や社会の要請、期待に広く応えていく「コンプライアンス」に根ざした活動であることが重要。
- □ 訴訟になった場合は、原告であれ、被告であれ、広報部門と法務部門が協力して、マスメディアの取材に対する基本方針を決め、コメントやQ&Aを用意しておくことが大切。

本章では、かかる「コンプライアンス」の観点から、謝罪と法的責任の関係、いかなる時に事故や不祥事を公表すべきなのか、訴訟の際の望ましい公表コメントといったことを検討し、広報業務に必要なコンプライアンスに根ざしたリーガルマインドというものを理解していきます。

16-2. 広報業務にかかわる法務の全体像

　広報業務にかかわる法律としては、たとえば、著作物の利用に関するルールを定めた著作権法や企業情報や事故情報の開示に関する金融商品取引法や消費生活用製品安全法などがありますが、本章では、そういった法律の内容を細かく説明することはしません。知識ももちろん大切ですが、もっと重要なことは、上述したコンプライアンスの観点から、広報活動に必要なリーガルマインドの基本を身につけていくことです。本章では、広報活動を「有事の広報」と「平時の広報」に分けて検討していきます（図表16－①）。

　「有事の広報」とは、たとえば不祥事が発生したときのように、「悪い知らせ・情報」を広報していかねばならない「守りの広報」を想定していますが、「守りの広報」はマイナスからのスタート故に、単に「法令遵守」の観点から行ってしまうと、新たなリスクを発生させてしまう恐れすらあります。コンプライアンスの観点から、謝罪は決して法的責任を認めたことにならないということや、どのような場合に事故や不祥事を公表していくべきかといったことを本質から理解できれば、「守りの広報」においてマイナスを挽回し、場合によっては、新たなプラスの企業イメージを築いていくことも可能となってくるものと考えます。

これに対し、「良い知らせ・情報」を広報していく「平時の広報」においては、ある意味「攻めの広報」であるが故に、ついつい慎重さを欠くこととなり、広報行為そのものが違法行為に該当してしまい、不要なマイナスを生じさせる恐れがありますので、どのような類の法的リスクがあるのか（法的問題点の所在）、その概要を理解しておくことが望まれます。

<u>有事の広報と平時の広報</u>　　　　　　　　　　　　　　　　（図表16－①）

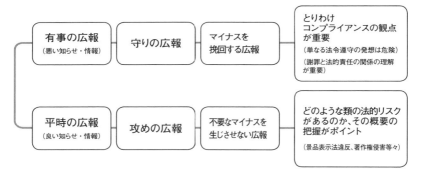

出典：著者作成

16-3. コンプライアンスに根ざす広報

　前述したとおり、広報活動において重要なことは、それが単なる法令遵守にとどまらず、「コンプライアンス」に根ざした活動となっていることです。ここで言う「コンプライアンス（compliance）」とは、単なる「法令遵守」ではなく、社会倫理等も含め、顧客や社会の要請、期待に広く応えていくことを意味しています。このコンプライアンスの観点は、特に「有事の広報」において重要となります。前述したように、「有事の広報」はマイナスからのスタートの「守りの広報」であるが故に、単に「法令遵守」の観点から行うと、新たなリスクを発生させてしまう恐れがあることに注意が必要です。

　実際の事例ですが、スーパーで火災が発生し、15人の方が焼死するという事故がありました。そのスーパーの社長は記者会見で謝罪を行いつつも、店の床面積からすれば、消防法上、スプリンクラーの設置義務の対象とはならないこと、したがってスプリンクラーの設置は行っていないが、法令には違反しておらず、自社に落ち度はなかったと釈明したことで、大きな社会的批判を招きました。社会倫理なども含め、顧客や社会の要請、期待に広く応えていくというコンプライアンスの観点があれば、このように法令遵守を強調してしまうことによって、逆に不誠実で責任逃れを行っているような印象を与える記者会見には決してならなかったはずです。有事の広報は、例外なくマイナスからのスタートになるわけですから、単なる法令遵守にとどまらないコンプライアンスの観点からの「誠実さ」を社会に示していくことで、少しでもマイナスを挽回していくことが大切です。

16-4. 謝罪は法的責任を認めるものなのか

　上述した火災事件の記者会見でも、謝罪の言葉は一応ありました。しかし、法令遵守ばかりを気にすると、謝罪は法的責任を認めたものと解釈されるので避けるべき、という発想にもなりかねません。不祥事を公表するに際しては、①謝罪、②（原因解明を含む）現状説明、③再発防止策の提示、の三点セットが重要であるといわれることが多いようです。特に、謝罪については、日本は謝罪文化の国と称されるほどに重要視されてきた歴史があります。この点を十分に理解せず、記者会見で自らの法的正当性を主張することに固執し、適切な謝罪を行わなかったがために、皮肉にも刑事上の法的責任まで問われることになってしまったのではないかと考えられる例も少なくありません。

　たとえば、海外の会社が日本で提供していたエレベーターで起きた死亡事故がありました。事故発生当初、当該会社は記者会見も行わずに、発表されたコメントにおいても「この事故を深く遺憾に思う」と述べるも、謝罪の言葉は一切なく、むしろ「事故がエレベーターの設計や設備によるものでないことを確信している」「過去の死亡事故では保守のミスが原因であることが多い」などと自己の責任を否定し、第三者に責任があるかのような物言いに終始していたため、遺族の方のみならず、マスコミや一般人の大きな反感を買ってしまいました。事故発生から9日を経過したのち、ようやく記者会見を行って謝罪しましたが、同社への反感が和らぐことはありませんでした。
　実際、当該エレベーターの製造上の欠陥はなく、事故の直接の原因となったのは、他の保守管理会社が担当した保守管理業務の不

備と考えられました。ところが、保守会社の社長らのみならず、エレベーター会社の社員までもが業務上過失致死の罪で起訴されてしまったのです。これは異例の起訴とでも言うべきもので、一審で無罪となりました（控訴中2016年9月現在）が、起訴に慎重な日本の検察庁が、あえてこのような微妙な事件を起訴に踏み切ったのは、当該会社の初期対応が招いた同社への大いなる不信感が社会的背景としてあったものと想定されます。この会社の初期対応の失敗は、同社が日本における謝罪の意味を理解していなかったことにあるのは明らかです。実際、同社の社長は、雑誌のインタビュー記事において、日本においては、法的責任の有無にかかわらず、社会的責任の観点から謝るべきところは謝らなければならないということを、当時は理解していなかった旨を述べています。

　謝罪がなんらかの責任を認めるものであるとしても、「責任」には法的責任、社会的責任、道義的責任、経営責任、管理責任など多様な側面があり、たとえば、「当社の製品リコールに関して、消費者の皆様、社会の皆様にご心配をおかけし、大変申し訳なく、心からお詫び申し上げます」といったように謝罪したからといって、法的責任を認めたものとはなりません。なお、仮に客観的に法的責任が認められないからといって、他の責任、たとえば社会的責任や道義的責任がないことを意味するものでもありません。法的責任の有無の判断は、最終的には裁判所が客観的に判断するものであって、極端な話、記者会見で法的責任を認める旨のコメントをしたとしても、裁判で法的責任がないと主張することは可能ですし、裁判所が法的責任を否定する判決を下すということも理論的にはありえます。このように記者会見などで謝罪したからといって、法的責任を認めたものとは限らないし、謝罪したことだけをもって、法的責任があると認定することもできないのです。

一方、アメリカなどでは、交通事故や医療事故の現場などで謝罪すると、自分の非を認めたことになり、莫大な損害賠償を求められるので、謝罪すべきではないといったことがよくいわれてきたようです。こうした傾向の背景には、アメリカでは民事においても陪審制が採用され、職業的裁判官でなく民間人の判断が判決に大きく影響することがあるものと思われます。しかし、近時の調査では、交通事故や医療事故の現場などにおいて「謝罪しなかったこと」が和解を阻む大きな要因であることが判明しています。それを受けて、アメリカの多くの州では、現場などで謝罪しても訴訟で不利な証拠と見なさない、などといったことを規定する法律（アイム・ソーリー法などと称されている）が制定されるなど、謝罪を促す立法措置がとられるようになってきています。

　日常生活においても、素直に謝ることは難しいことです。つい、自らがなんらかのペナルティーを受けることを恐れて、誰か第三者のせいにしたがるものです。ましてや、社会を大きく騒がすような大事件の記者会見の席上にあって、法的責任などを恐れて責任回避のコメントを行いたくなる心情も理解できないことではありません。しかし、大切なことは、コンプライアンスの観点から、法的責任と社会的・道義的責任の関係を混同することなく、被害者などの感情に十分配慮して、真摯に謝罪していくことです。なお、上にも述べたように、記者会見の場で謝罪表明したからといって、不祥事に関する法的責任を認めたことにはなりませんが、記者会見の場での発言が法的責任を基礎づける材料になる可能性があることについては留意する必要があります。たとえば、記者会見では、不祥事が起こった原因などを説明していくことが求められますが、そこでの事実経緯などに関する説明は、法的責任の有無を判断する裁判上の資料となりえます。だからといって、不利な情報を隠そうとすると、その

こと自体がマスメディアの厳しい非難の対象となりますから、慎重な判断が必要になります。

16-5. 不祥事は公表しなければならないものなのか

法令などによって公表が義務付けられている場合

・金融商品取引法、証券取引所規則

東京証券取引所などの証券取引所に上場している場合には、金融商品取引法や各証券取引所の自主的な規程により、投資家の投資判断に著しい影響を与えるような規模の不祥事などが発生したような場合には、適時開示を行うことが義務付けられています。

・消費生活用製品安全法

消費生活用の製品に関連し、死亡事故、重傷病事故、後遺障害事故、一酸化炭素中毒事故や火災などの重大製品事故が発生した場合、消費生活用製品安全法により、事故製品の製造業者や輸入業者は、国に対して事故発生を知った日から10日以内に消費者庁に報告することが義務付けられています。この法律は、直接的に製造業者などに公表を義務付けているものではありませんが、重大事故情報の報告を受けた消費者庁は、製品が原因でないことが明らかな場合を除き、当該事故情報を迅速に公表することとなっていますので、製造業者も自ら公表していくことが当然想定されます。

公表しなかったことによる法的責任を事後的に問われる可能性がある場合

　では、ここで報告義務の対象となっている重大事故に該当しないような製品事故や不祥事について、法律上明確な公表義務はないからといって、当該企業が公表しなかった場合、法的責任を問われることはないのでしょうか。この点を正面から検討したのが、著名なダスキン株主代表訴訟事件に関する大阪高裁2006年6月9日判決です。事案の概要は次のとおりです。

　ダスキンが運営するミスタードーナツで、食品衛生法に違反して、無認可添加物が含まれた中国産の大肉まんが、2000年4月から2000年12月にかけて1314万個販売されていたというのが事件の発端です。
　直接関与していたのは担当取締役で、それ以外の社長を含むダスキンの役員がこのことを知ったのは2001年2月以降になります。事実を知った社長を含む役員らは、無認可添加物はアメリカや中国では認められているものであり、かつ、混入量がごく微量で健康被害をもたらすようなものでなかったこと、問題の肉まんが販売終了してから相当期間が経過しており、特に問題も報告されていなかったことなどから、販売の事実を自ら積極的に公表することはしないと判断しました。健康被害などが実際に発生していなかったので、上述した消費生活用製品安全法や東証ルールなどの公表義務はなかったのです。
　ところが、匿名の通報により隠蔽の事実などがマスコミにより大々的に報道され、ダスキンはフランチャイジーに対する営業補償などの支払いで100億円を超える損害を被ることになりました。そこで、ダスキンの株主らからは、取締役及び監査役に対して損害賠償を求める株主代表訴訟が提起されました。
　大阪地裁判決では、直接関与していない役員については損害賠

償責任を否定しましたが、大阪高裁はこれを覆し、たとえ販売などに直接関与していなかったとしても、十分な議論なく事実を積極的に公表しないことを決定した取締役らの判断は、「消極的な隠蔽」とも言うべきものであって、クライシスマネジメントにおいて早期公表・説明の重要性が説かれている中で、到底「経営判断」と呼ぶに値しないとして、取締役らの法的責任を認め、5億円を超える損害賠償を命じました。

　この判決文では、ダスキンの取るべき道として、自ら進んで事実を公表し、すでに安全対策が取られ問題が解消していることを明らかにするとともに、隠蔽は過去の問題であって克服されていることを印象づけることによって、積極的に消費者の信頼を取り戻すために行動し、新たな消費者との信頼関係を構築していくしかない、といったことが述べられており、大変参考になります。

　もちろん、大阪高裁の判断を前提としても、なんらかの製品事故や不祥事があったからといって、必ず公表しなければならないわけではありません。事案の性質（食品のように身体に関係するものか、販売規模、当該会社の規模、購入者に個別にアクセスできるか否かなど）に応じ、公表すべきか否かを慎重かつ迅速に議論することが重要です。たとえば、商品の重大な欠陥が発覚した場合、まだ重大な事故発生が確認できていない段階であれば、消費生活用製品安全法上の報告義務の対象とはなりませんが、事故被害の発生を防止するという観点からは（購入者すべてにすぐに連絡がつくような場合を除き）当然公表すべきということになります。また、被害の発生、拡大の防止とは関係ないような場合であっても、たとえば役員の不正などがあった場合、内部告発などからマスコミの知るところとなり、スクープとして報道されると会社のレピュテーションが大きく毀損されてしまいますので、先んじて自主的に公表していくことが重要となります。

上記のダスキン事件大阪高裁判決においても、マスコミの姿勢や世論が企業の不祥事や隠蔽体質について敏感であり、少しでも不祥事を隠蔽すると見られるようなことがあると、しばしばそのこと自体が大々的に取り上げられ、追及がエスカレートし、それにより企業の信用が大きく傷つく結果になることは過去の事例に照らしても明らかである旨、指摘されています。

　なお、公表すべきとなった場合も、常に新聞社告や記者会見を行わなければならないということではなく、事案の性質に応じて媒体を選定すべきであり、店頭やWebでの告知だけで許される場合もあります。ただ、公表すべきか否か、どのように公表すべきか、といった問題を検討する際に大切なのは、コンプライアンスの観点、具体的には「事故情報は国民共有の財産」といった視点です。これは、PL法（製造物責任法）の制定当時に、当時の通産大臣が国会答弁で述べた有名な言葉ですが、今でも、不祥事の際の広報対応を検討する際において、その重要性は失われていません。

16-6. 訴訟に際してのあるべき広報対応

　訴訟を提起された企業の典型的なコメントとしては、「係争中の事件なので、コメントは差し控えさせていただきます」といったものが挙げられます。こういったコメントは実質的にはノーコメントと同じであって、企業に対して透明性と積極的な情報開示が求められている時代にあっては、その消極的な対応に批判が浴びせられることも少なくありません。しかし、ノーコメントという対応が必ずしも不適切というわけでもないのです。必要以上にマスメディアなどの注目を受けないために、実質的なコメントを避けたほうが適切な場

合もあります。たとえば、単に野次馬的な興味でスポーツ紙などの注目を集めているような訴訟や紛争の場合、記者の求めに応じ安易にコメントなどを述べたりすると、そのコメントが面白おかしく記事にされ、事態が悪化してしまうような場合もあります。そのような場合には、何もコメントをせず記事にさせないようにして、事件の沈静化を図っていくことが適切な広報戦略となります。

　大切なことは、紛争の性質、訴える側か、訴えられた側か、訴訟提起時のコメントか、訴訟継続中のコメントか、判決がなされた時のコメントか、など、様々な要素を総合的に考慮して、積極的にコメントをすべきか、積極的なコメントをするとしても、具体的にどのようなコメントをすべきか、といったことを慎重かつ迅速に決定していくことです。

　日本の民事裁判の場合、訴えたほうを「原告」といい、訴えられたほうを「被告」と呼びますが、刑事裁判における「被告人」のイメージと重なって、「被告」となったというだけで、不当に悪いイメージを持たれがちです。そこで、必要に応じ、そのようなイメージを払拭していくような広報活動を行うことが望まれます。特に、現行の法制度下においては自社に不利な判決がなされることも予想される一方、社会的な非難を受けるとは限らないような事案の場合、敗訴したとしても、法律の不備などを世間に訴えるようなコメントを行っていくことが効果的な広報戦略となりえます。

　逆に、現行法上は問題ないとしても、社会的には非難を受ける恐れがあるような場合には、勝訴したとしても世論に配慮したコメントを行っていくことが肝要となります。裁判所は、問題とされている企業について、不祥事が起こった時点での法律に照らして違法でな

かったと判断しただけであって、場合によっては、そのような企業に法的ペナルティーが与えられない法律に問題があるとして、法律の改正が行われる可能性もあることに留意する必要があります。なお、訴訟になった場合には、原告であれ、被告であれ、積極的なコメントをするか否かにかかわらず、広報部門と法務部門が協力して、マスメディアの取材に対する基本方針を決め、基本方針に基づいたQ&Aを用意しておくべきです。

16-7. 平時の広報において留意すべきポイント

広報行為そのものが違法行為に該当する場合とは

「良い知らせ・情報」を広報していく「平時の広報」は、ある意味「攻めの広報」であるが故に、ついつい慎重さを欠くこととなりがちです。広報行為そのものが違法行為に該当してしまい、余計なマイナスを生じさせることのないよう、日頃から注意することが肝要です。平時の広報行為自体が違法となってしまうケースを大まかに整理すると、以下の三点になります。

・広報内容に虚偽がある場合
　広報内容に虚偽があれば問題となるのは当然のことで、不正競争防止法、景品表示法、金融商品取引法など、様々な法律の違反となり、仮に虚偽であることを当初からわかっていた場合には、刑事責任まで問われる恐れが生じてきます。

・広報内容は事実だが、第三者の権利を侵害する場合

　広報内容自体は事実でも、他人の写真や作品を無断で利用したような場合には、著作権、肖像権、パブリシティー権、プライバシー権などの侵害となってしまうリスクがあります。特に、デジタル時代の今、インターネット上にアップされている他人の写真や作品は容易にコピー＆ペーストができるので、無断利用の誘惑やリスクは従前と比べて相当高くなっています。

　こうしたリスクを回避する最も確実な方法は、他人の写真や作品を利用しないことですが、利用する必要性が高い場合には、権利侵害行為に該当するか否か、必要に応じて専門家にも相談しながら検討し、許諾が必要な場合にはきちんとした権利処理を事前に行っておくことが大切です。

・広報対応、方法に問題がある場合

　たとえば、屋外で広報に関する看板などを設置する場合には、屋外広告物法の規制を遵守する必要がありますし、屋外で広報イベントを行う場合には、道路交通法などに従って届け出を行ったり許可を得たりする必要があります。また、広報活動に伴って消費者にプレゼントを提供するような場合、できるだけ多くの人に高額なものを提供したいと思っても、景品表示法を考慮する必要があります。たとえば、販売促進の観点から店頭に訪れたお客様を対象とするなど、取引との関連性を有するケースの場合、景品表示法による規制の範囲内での金額に抑えなければいけません。

インサイダー取引のリスク

　広報に携わる人は、株価に影響を与えるような重要情報を先んじて知る機会が多いものですが、そうであるが故のリスクにも注意が

必要です。有事の広報の場合は、一刻も早い情報公開が重要となるのであまり問題となりませんが、平時の広報の場合は、効果的な公表時期を重視しがちなので、重要情報を広報担当者が知ってから公表まで相応の時間を要することも少なくありません。

重要情報を知ってしまった広報担当者は、理由の如何を問わず（利益を得ようが得まいが）、当該情報が公表されるまでは、自社の株式などを売買することは禁じられています。行った場合は、インサイダー取引として金融商品取引法に違反することとなり、厳正な処分の対象となるので十分な注意が必要です。

16-8. 第16章のまとめ

・単なる法令遵守ではなく、コンプライアンスに根ざした広報活動が、特に有事の広報においては何より重要です。

・謝罪は法的責任を認めるものではなく、法的責任と社会的・道義的責任の関係を正確に理解すべきです。

・法令で事故や不祥事の公表が義務付けられていない場合であっても、事故の拡大や企業のレピュテーション低下を防ぐために迅速な公表が求められることがあり、これを怠ると多大な法的責任を負う恐れがあります。

・訴訟の際の広報コメントは、紛争の性質、訴える側か、訴えられた側か、コメントするタイミングなど、様々な要素を考慮して慎重に検討する必要があります。

・平時の広報は、ある意味「攻めの広報」であるが故に、ついつい慎重さを欠くこととなり、広報行為そのものが違法行為に該当してしまう恐れがあるので、どのような類の法的リスクがあるのか（法的問題点の所在）、その概要を理解しておくことが望まれます。

＜了＞

おわりに

グローバル化とデジタル化によって高まる広報コミュニケーションの重要性

本書は、デジタル化の進展とも相まって、近年さらに重要度を高めている広報コミュニケーションのマネジメントに関連して、

- デジタル化を含む近年の経営環境下での広報コミュニケーションのあり方
- 広報コミュニケーション活動の基礎的フレームと実践知識
- デジタル化がもたらしている広報コミュニケーションへのインパクト

を学んでいただくことを意図しました。

広報コミュニケーション活動の重要性は、なぜ高まったのでしょうか。本書の第2章でも説明されているように、現在、さまざまな組織の経営環境は、グローバルな社会変化の中で複雑な課題を内包しています。「地球環境崩壊」、「格差社会・失業・貧困」、「価値観の相克」などです。一方でICTの革新的変化の中で進むデジタル化とその普及が、コミュニケーションの果たす社会的可能性を飛躍的に高め、これらが、広報コミュニケーション活動の可能性を大きく広げているのです。その可能性とは、デジタル化のもたらすリスクにも配慮しつつ、「情報交流」に積極的に活用し、複雑化した課題解決に向けて「相互理解」を図りながら、新たな価値をも創造することに他なりません。この「相互理解」と信頼に基づく「より良い関係づくり」を行うことが広報の機能であり成果です。

本書では、広報部門での仕事に従事している方はもちろん、これから従事しようとする方、後述する「広報機能」に興味を持たれる幅広

い方々に学んでいただきたいという思いで編集されています。当然、どのような部門であれ、管理職に向けては必須の知識となっているものと考えます。

あらためて本書の内容をまとめると、各章の内容は大きく三つの領域に分けることができます。それらは下記のとおりです。

1. 組織として広報活動を企画・実践するうえでの基礎と、その中でのデジタルのインパクト

    第1章　デジタル時代の「広報パーソン」とは
    第2章　デジタル時代に問われる広報コミュニケーション
    第3章　コーポレート・コミュニケーション
    第4章　広報戦略の立案
    第7章　インターナル・コミュニケーション
    第10章　グローバル広報
    第13章　広報効果と効果測定
    第16章　広報業務にかかわる法務

2. デジタルを含め近年の経営環境変化により重要性や広報との関係性を高めている領域

    第6章　マーケティング・コミュニケーション
    第8章　CSRと地域社会への広報活動
    第9章　成功するIR活動
    第12章　危機管理広報

3. デジタル化自体および、直接その活動が大きく変化している広報
　 関連領域

　　第5章　ICTの活用とコミュニケーションデザイン
　　第11章 電子自治体・行政広報の要点と実務
　　第14章 インターネット広報とオウンドメディアの活用
　　第15章 メディア・リレーションズ

　各章の執筆に当たっては、広報コミュニケーション領域で専門的に活動されている方以外にもより深く理解していただけるように配慮しました。専門的な用語についても各章のまとめの中で説明を加えています。広報コミュニケーションの仕事がどのような目的のもとで行われ、社会的、組織的価値を持っているのか。その目的に向け、どのようなフレームのもとで、具体的にどのような幅広い活動をしているのか。さらに、どのようなダイナミックな変化のもとにあるのかを理解していただけたのではないかと思います。

　また、既に広報コミュニケーション部門での仕事に従事している方にも、学んでいただけることが多々あったと思います。多くの社会的課題を抱える中で、広報コミュニケーション機能展開の基本的フレームと価値観をレビューすること。コミュニケーション領域が融合する中で、関連する機能がどのような動きをしようとしているのか。そしてデジタル化により、明確に意識しなければならない変化についても言及しています。

　繰り返しになりますが、この四半世紀、組織の経営環境はデジタル化やグローバル化で大きく変わりました。特に、1990年代から商用化されたインターネットがもたらした、「皆が発言者」、「豊かな双方向通

信」さらには「賢い生活者」といったキーワードは、広報コミュニケーション、そして組織経営にとっても大きな変化を促しました。

これらの変化は、更に急速に発展・進化しており、ビッグデータ、AI、IoTのビジネス活用という変革にもつながっています。あらゆる組織で、デジタル化によるビジネスイノベーションが起こっています。広報コミュニケーションはその中でも最も大きく変化し、あるいは変化しなければならない、かつ重要性を高めている経営機能です。

多くの読者の皆様が、組織における広報機能の総合性、戦略性、先進性と面白さに触れていただき、直接的にでも間接的にでも仕事に反映され、組織の広報力向上と価値創造に貢献されることを祈ります。また、広報コミュニケーション分野の学術研究は、まだまだ発展過程にある領域です。そうした領域での、読者の皆様の将来的貢献も期待されるところであると考えます。

皆様のご活躍を祈っております。

＜了＞

執筆：社会情報大学院大学 教授

小早川護

[引用・参考文献]

第 1 章　デジタル時代の「広報パーソン」とは

『ビジョナリー・カンパニー』（日経 BP 出版センター）ジェームズ・C・コリンズ、ジェリー・I・ポラス（1995）

第 2 章　デジタル時代に問われる広報コミュニケーション―「情報集約社会」へ―

『論語』（中公文庫）貝塚茂樹訳

『体系 パブリック・リレーションズ』（ピアソン・エデュケーション）スコット・M・カトリップ他著、日本広報学会監修（2008）

「情報通信白書」総務省（2014）

第 3 章　コーポレート・コミュニケーション

Argenti, P. A. (2003) Corporate Communication, 3rd Edition, Boston: McGraw-Hill/Irwin.

———— & Barnes, C.M. (2009) Digital Strategies for Powerful Corporate Communications, New York: McGraw-Hill.

（邦訳）『デジタル・リーダーシップ――ソーシャルメディア時代を生き残るコミュニケーション戦略』（日本経済新聞出版社）北村秀実監訳（2010）

Clarkson, M.B.E. (1995) "A Stakeholder Framework for Analyzing and Evaluating Corporate Social Performance," Academy of Management Review, Vol. 20, No. 1, pp. 92-117.

Cornelissen, J. (2004), Corporate Communications: Theory and Practice, London: SAGE Publications.

———— (2014) Corporate Communication: A Guide to Theory and Practice, 4th Edition, London: SAGE Publications.

Fombrun, C. J. & van Riel, C. B. M. (2004) Fame & Fortune: How Successful Companies Build Winning Reputations, Upper Saddle River, NJ: Prentice Hall.

（邦訳）『コーポレート・レピュテーション』（東洋経済新報社）花堂靖仁監訳（2005）

Freeman, R.E. (1984) Strategic Management: A Stakeholder Approach, Boston: Pitman.

Roberts, P. W. & Dowling, G. R. (2002) "Corporate Reputation and Sustained Superior Financial Performance," Strategic Management Journal, Vol. 23, Issue 12, pp. 1077-1093.

Vergin, R. C. and Qoronfleh, M. W. (1998) "Corporate Reputation and the Stock Market," Business Horizons, Vol. 41, Issue 1, pp. 19-26.

『アドバタイジング』第10号通巻533号、「名声のルーツ」フォンブラン、C. J. & ファン・リール、C. B. M.（2004）

『異文化トレーニング——ボーダレス社会を生きる［改訂版］』（三修社）八代京子他（2009）

第 4 章　広報戦略の立案

『PR戦略入門』（ダイヤモンド社）加固三郎（1969）

『体系 パブリック・リレーションズ』（ピアソン・エデュケーション）スコット・M・カトリップ他著、日本広報学会監修（2008）

Cornelissen, J. (2004), Corporate Communications: Theory and Practice, London: SAGE Publications.

――――（2014）Corporate Communication: A Guide to Theory and Practice, 4 th Edition, London: SAGE Publications.

『戦略思考の広報マネジメント』（日経 BP コンサルティング）企業広報戦略研究所（2015）

第 6 章　マーケティング・コミュニケーション（マーケティングPR）

HarperCollins Publishers. Drucker, *"Management Tasks, Responsibilities, Practice"* Peter F.（1973）

（邦訳）『マネジメント——務め、責任、実践Ⅱ』（日経 BP 社）有賀裕子訳（2008）

McGraw-Hill. Schultz,D. and H. Schulz *IMC:"The Next Generation"*,（2004）

「情報流通インデックス調査」総務省（2011）

『ネット評判社会』（NTT 出版）山岸俊男・吉開範章（2009）

『戦略PRの本質』（朝日新聞出版）井口理（2013）

第 7 章　インターナル・コミュニケーション

『コーポレートコミュニケーション経営』（東洋経済新報社）柴山慎一（2011）

第 8 章　CRS と地域社会への広報活動

ISO SR国内委員会監修『日本語訳 ISO 26000 : 2010—社会的責任に関する手引』（日本企画協会、2011）

Michael E. Porter and Mark R. Kramer, "Strategy and Society – The Link Between Competitive Advantage and Corporate Social Responsibility" December 2006,

Harvard Business Review

上野 征洋「広報とCSRの戦略化に向けて」経済広報センター『経済広報』2007年5月号

第9章　成功するIR活動

『IRの成功戦略』（日経文庫）佐藤淑子（2015）
『コーポレートガバナンス・コード』（日経文庫）堀江貞之（2015）
『広報・PR概論』（同友館）日本パブリックリレーションズ協会編（2012）
「IR活動の実態調査」日本IR協議会（2015年4月）

第10章　グローバル活動

『経済広報』2014年11月号、企業広報研究「70％超の企業が、デジタル／ソーシャルメディア専門家を採用～ＣＣ部門の責任者の35％がマーケティング業務を兼任～」経済広報センター（2014）
『デジタル・リーダーシップ　ソーシャルメディア時代を生き残るコミュニケーション戦略』（マグロウヒル・エデュケーション）ポール・A・アルジェンティ／コートニー・M・バーンズ著、北村秀実監訳（2010）
『経済広報』2011年8月号、北村秀実「広報の本質と企業に見る実践の新次元」（2011）
Paul A. Argenti, "CORPORATE COMMUNICATION 7th edition" (2015)
「新装版 文化を越えて」（研究社）エドワード・T．ホール著、岩田慶治／谷泰訳（1993年）
The Holmes Report, "CREATIVITY IN PR/ A GLOBAL STUDY 2014" (2014)

第11章　電子自治体・行政広報の要点と実務

『電子自治体－実践ガイドブック』（日本加除出版）茶谷達雄、島田達巳、井堀幹夫編著（2014）
『電子自治体－パブリック・ガバナンスのIT革命』（東洋経済新報社）榎並利博（2002）
『電子自治体－実践の手引』（学陽書房）榎並利博（2003）

第12章　危機管理広報（対応とリスク管理）

『ケーススタディ 企業の危機管理コンサルティング』（中央経済社）白井邦芳（2006年）
『循環取引対策マニュアル』（中央経済社）小川真人、白井邦芳（2010年）
『会社の事件簿 危機管理21の鉄則』（東洋経済新報社）小川真人、白井邦芳（2011年）
『リスクマネジメントの教科書　50の事例に学ぶ不祥事への対応マニュアル』（東洋経済新報社）白井邦芳（2014年）

第 13 章　広報効果と効果測定

『戦略思考の広報マネジメント』(日経BP コンサルティング) 企業広報戦略研究所 (2015)

Scott M.Cutlip, Allen H.Center, Glen M.Broom(2006), *Effecive Public Relations, 9th edition*, Prentice Hall

(邦訳)『体系 パブリック・リレーションズ』(ピアソン・エデュケーション) スコット・M・カトリップ他著、日本広報学会監修 (2008)

第 15 章　メディア・リレーションズ

橋元良明「メディアと日本人—変わりゆく日常」岩波新書 (2011)

加藤恭子・川浦康至「人はなぜブログを読むのか—知人ブログと他人ブログの閲覧行動—」『コミュニケーション科学』第26号 東京経済大学 (2006) pp.91〜104

加藤恭子「今インターネットを介した広報・クチコミの現場で起きていること」『第16回研究発表大会予稿集』日本広報学会 (2010) pp.113

加藤恭子「自らメディアを作ってしまう企業が増えてきたと思いません?」『月刊IT Leaders』5月号 インプレス (2012)

加藤恭子「羅針盤:ソーシャルメディアと広報活動 続々と生み出される新しい活用法」『IR-COM』9月号 日本IR協会 (2012)

加藤恭子「ソーシャルメディアを使った情報発信、押さえておきたい5つのコツ」『月刊IT Leaders』8月号 インプレス (2013) pp.46

加藤恭子「ソーシャルメディア広報研究会」報告『第19回研究発表大会予稿集』日本広報学会 (2013) pp.164

加藤恭子「ウェブメディアに載る方法「影響力のある個人にどうアプローチするか」『広報会議』、4月号 宣伝会議 (2014) pp.26-27

加藤恭子「デジタル広報再入門実践編 ノウハウ編 リリース配信どう変えるべき?デジタル時代の記者の視点とは」『広報会議』11月号 宣伝会議 (2014) pp.65-69

加藤恭子 研究ノート「事例に見る企業広報活動新時代(ソーシャルメディア活用を中心に)」広報研究

第19号 日本広報学会 (2015) pp.139-146

加藤恭子 一歩抜きん出るための「逆張り」PR『広報会議』3月号 宣伝会議 (2016) pp.42-43

長澤秀行「メディアの苦悩 28人の証言」光文社新書 (2014)

山口明雄「メディアトレーニングのプロが教える誤解されない話し方、炎上しない答え方」ディスカヴァートゥエンティワン (2013)

[執筆者一覧]

はじめに

東英弥(あずま・ひでや)

学校法人日本教育研究団 理事長

1978年からこれまでに11社起業し、現在、宣伝会議を加えた12社を経営。事業の傍ら、東京大学大学院工学研究科、新領域創成科学研究科などで学び、理論と実務の融合を実践する。2012年、文部科学省の認可を得て、事業構想大学院大学を設立。新たに広報専門の社会情報大学院大学も設立。現在、宣伝会議代表取締役会長、地域活性学会理事、日本広報学会理事。事業構想大学院大学教授のほか、青山学院大学でも教鞭を執る。東京国際大学理事・評議員。著書に『統合型ブランドコミュニケーション』(早稲田大学出版部、日本広報学会賞教育・実践貢献賞受賞)など。2015年、全広連日本宣伝賞・吉田賞受賞。博士(商学)。

第1章 デジタル時代の「広報パーソン」とは
第2章 デジタル時代に問われる広報・コミュニケーション ―「情報集約社会」へ―

上野征洋(うえの・ゆきひろ)

社会情報大学院大学 学長
日本広報学会副会長、静岡文化芸術大学 名誉教授

2000年静岡文化芸術大学教授。2004年副学長。国際デザイン博、世界都市博、21世紀未来博などのプロデューサーを務める。静岡県情報公開審査会会長、浜松市都市計画審議会会長、ユニバーサルデザイン協議会会長などを兼務。内閣府「広報効果検討会議」座長、総理府・内閣総理大臣官房広報室「政府広報評価委員会」、農水省「食育・普及啓発委員会」などの委員を歴任。著書『CC戦略の理論と実践』(同友館)、『文化政策を学ぶ人のために』(世界思想社)など多数。早稲田大学卒、東京大学新聞研究所(現・東京大学大学院情報学環・学際情報学府教育部)修了。

第3章 コーポレート・コミュニケーション

井上邦夫(いのうえ・くにお)

東洋大学経営学部 教授
社会情報大学院大学 教授

早稲田大学第一文学部卒業。米国コロンビア大学国際関係学大学院修士(MIA)。ジャパンタイムズ、ロイター通信、共同通信の記者を経て、現職。専門はコーポレート・コミュニケーション。主著に『体系 パブリック・リレーションズ』(ピアソン・エデュケーション、2008年、共訳)、「証券業のレピュテーション・マネジメント――コミュニケーションの役割を中心に」(『金融サービス業のガバナンス』金融財政事情研究会、2009年)、「コーポレート・アイデンティティ再考」(『経営論集』東洋大学、2012年)など。

第4章 広報戦略の立案

小早川護(こばやかわ・まもる)

社会情報大学院大学 教授・研究科長
日本広報学会理事、北海道大学 名誉教授

経営学修士(MBA)、工学修士。野村総合研究所(NRI)産業経済研究部長、システムコンサルティング本部長、総合研究本部長、常務取締役を歴任。内外ハイテク企業や政府の事業・産業高度化を担当し、国際化を牽引、システム開発と経営コンサルティングの連携を推進。NRI研究理事を経て、北海道大学大学院国際広報メディア研究科教授。広報学会理事、情報文化学会理事のほか、NHK北海道地方番組審議委員長、知的クラスター(札幌)事業推進委員、札幌市役所改革市民会議議長、(社)日本電子回路工業会将来産業ビジョン委員会委員長等を歴任。2012年より事業構想大学院大学教授。2016年より日本パブリックリレーションズ協会理事。

第5章 ICTの活用とコミュニケーションデザイン

安藤元博（あんどう・もとひろ）

博報堂 兼 博報堂DYメディアパートナーズ
エグゼクティブマーケティングディレクター

1988年博報堂入社。以来、マーケティング領域を専門として、六十余のクライアント企業のコミュニケーション開発、事業開発、グローバルブランディングなどに従事。ACC（グランプリ）、Asian Marketing Effectiveness（Best Integrated Marketing Campaign）ほか受賞多数。ACCマーケティングエフェクティブネス、Adfest（アジア太平洋広告祭）、カンヌライオンズ国際クリエイティビティフェスティバル（メディア部門）などの審査員を歴任。デジタル統合マーケティング／CMOなどのテーマでの講演・執筆多数。著書『マーケティング立国ニッポンへ―デジタル時代、再生のカギはCMO機能』（共著、日経BP社）。東京大学大学院情報学環・学際情報学府修了（社会情報学）。

第6章 マーケティング・コミュニケーション（マーケティングPR）
第13章 広報効果と効果測定

北見幸一（きたみ・こういち）

電通パブリックリレーションズ コーポレートコミュニケーション戦略部長
企業広報戦略研究所 上席研究員
博士（経営学） MBA（経営学修士）

電通パブリックリレーションズ入社後、北海道大大学院准教授を経て現職。立教大学大学院兼任講師（2015年度）。デジタルハリウッド大学非常勤講師（2016年度）。マーケティング戦略、コーポレート・コミュニケーション戦略における理論と実践でPR戦略を推進。著書・論文に『広報・PR論―パブリックリレーションズの理論と実際』（共著、有斐閣、2014）、『企業社会関係資本と市場評価』（単著、学文社、2010）、「コーポレート・レピュテーションとCSR」（2008）、「米穀農産物におけるブランド効果の実証的研究」（2009）など。第5回日本広報学会優秀研究奨励賞。第10回、第11回日本広報学会賞教育・実践貢献賞、2014年度、2015年度PRSJ「PRアワードグランプリ」部門最優秀賞。

第7章 インターナル・コミュニケーション
第9章 成功するIR活動

柴山慎一（しばやま・しんいち）

NRIみらい 代表取締役社長
社会情報大学院大学 教授

1980年慶應義塾大学経済学部卒業。同年、日本電気株式会社入社。1987年慶應義塾大学大学院経営管理研究科修了（MBA）。その後、野村総合研究所に入社し、経営コンサルティング部長、コンサルティング第一事業本部長、広報部長、IR室長、総務部長などを歴任。2012年にNRIデータiテック代表取締役社長。2015年より現職。主著に『コーポレートコミュニケーション経営』（単著、東洋経済新報社、2011年）、『実践バランススコアカード』（共著、日本経済新聞社、2001年）

第8章 CSRと地域社会への広報活動

坂本文武（さかもと・ふみたけ）

大正大学 地域創生学部 准教授

1999年アメリカの大学院にて非営利経営学修士課程を修了後、米国NPOの経営コンサルティングを経て、2001年より企業の社会的責任を基軸とする組織変革コンサルティングを行う傍ら、ウィタン アソシエイツにて、企業の広報コンサルティングを手掛ける。2010年より、立教大学大学院21世紀社会デザイン研究科特任准教授、2016年より現職。著書に『NPOの経営―資金調達から運営まで』（日本経済新聞社）や『ボーダレス化するCSR』（同文舘出版）、『環境CSR宣言 企業とNGO』（同文館出版）ほか。一般社団法人Medical Studio代表理事として、地域包括ケアを推進する医療専門職へのコミュニティ・デザイン教育にも関わる。

第10章 グローバル広報

北村秀実（きたむら・ひでみ）

関西学院大学 国際学部 非常勤講師
静岡県知事公室 県広報アドバイザー

ボストン大学コミュニケーション学大学院広報学修士課程修了。広告代理店、製造業などで国内外の広告、広報、ブランド戦略立案を担当。2005年関西学院大学経営戦略研究科でMBA教育に携わる。2013年同研究科教授、ダートマス大学タックスクールオブビジネスLearning Expeditionプログラム開発共同責任者を経て、2016年より現職。日本広報学会理事。

城戸真木子（きど・まきこ）

広報コンサルタント

関西学院大学経済学部卒業後、大手機械メーカーに入社し、グローバルな社内広報、コーポレートブランディング、CSRなどの業務に携わる。2010年にグローバルPRエージェンシーに入社し、主に日本企業のグローバルコミュニケーションをサポートした。関西学院大学専門職大学院経営戦略研究科国際経営コース修了。日本広報学会会員。

第11章 電子自治体・行政広報の要点と実務

榎並利博（えなみ・としひろ）

富士通総研 経済研究所 主席研究員
社会情報大学院大学 教授

1981年東京大学文学部考古学科卒業、同年富士通入社。システムエンジニアとして、自治体のシステム開発に従事。1995年富士通総研へ出向。2010年より富士通総研経済研究所に異動し、電子政府・電子自治体や地域活性化を中心とした研究活動に従事。この間、新潟大学・中央大学・法政大学の各非常勤講師、早稲田大学公共政策研究所客員研究員を兼務。『電子自治体－実践の手引』（学陽書房）、『電子自治体－パブリック・ガバナンスのIT革命』（東洋経済新報社）、『電子自治体実践ガイドブック』（共著、日本加除出版）、『共通番号（国民ID）のすべて』（東洋経済新報社）など、電子自治体やマイナンバー関連の著書・寄稿多数。

第12章 危機管理広報（対応とリスク管理）

白井邦芳（しらい・くによし）

ACEコンサルティング Executive Advisor
社会情報大学院大学 教授

1981年早稲田大学教育学部卒業後、AIU保険会社に入社。その後、数度の米国研修・滞在を経て、多くの危機管理コンサルティングにかかわる。2000年AIU保険会社初代危機管理コンサルティング室長を経て、2003年AIGリスクコンサルティング首席コンサルタント、2008年AIGコーポレートソリューションズ常務執行役員、2009年1月より現職。
同時に、産業再生機構の本体への危機管理支援やその投資先へのリスク管理の指導にもかかわる。これまでに手掛けた事例は上場企業を中心に2400件以上。危機管理、リスクマネジメント、コンプライアンス、内部統制、事業継続、企業再生、企業価値向上、ワークライフバランスなどの専門家として広い範囲で活躍の場を広げている。

第14章 インターネット広報とオウンドメディアの活用

本田哲也（ほんだ・てつや）

ブルーカレント・ジャパン
代表取締役社長／戦略PRプランナー

「世界でもっとも影響力のあるPRプロフェッショナル300人」に『PRWEEK』誌によって選出された日本を代表するPR専門家。1999年世界最大規模のPR会社フライシュマン・ヒラードの日本法人に入社。2006年スピンオフの形でブルーカレント・ジャパンを設立し代表に就任。2009年に『戦略PR』（アスキー新書）を上梓し、広告業界にPRブームを巻き起こす。戦略PR／マーケティング関連の著作、講演実績多数。2015年より公益社団法人日本プロサッカーリーグ（Jリーグ）マーケティング委員。カンヌライオンズ2015公式スピーカー。世界的なアワード『PRWeek Awards 2015』にて「PR Professional of the Year」を受賞。

第15章 メディア・リレーションズ

加藤恭子（かとう・きょうこ）

ビーコミ 代表取締役
社会情報大学院大学 准教授

横浜市立大学卒業。青山学院大学大学院国際政治経済学研究科修士課程修了。IT系メディアでの記者・編集者を経て、テクノロジー関連企業でPR/マーケティングマネジャーを歴任後、ビーコミを設立。複数企業のPR/マーケティング支援を行うほか、各種媒体で執筆活動や企業・団体向けに講演活動もしている。特にテクノロジー系企業の広報・マーケティングのコンサルティングやソーシャルメディアを活用したコミュニケーション活動を支援している。日本パブリック・リレーションズ協会認定PRプランナー。日本広報学会理事。サイバー大学客員講師。

第16章 広報業務にかかわる法務

中村勝彦（なかむら・まさひこ）

TMI総合法律事務所 パートナー弁護士

1990年東京大学法学部卒業。1992年弁護士登録。1999年ロンドン大学ロースクール卒業（LL.M.）。主な専門分野は、知的財産、広報法務、リスクマネジメント、コーポレートガバナンスなど。国内外の数々の著名ブランドに関するビジネスや、キャラクタービジネス、エンターテインメント業界に関する契約業務や紛争案件を担当し、知的財産関連の著名訴訟も数多く手掛ける。独占禁止法違反事件、インサイダー取引事件などといった多種多様な企業不祥事を数多く担当した経験を踏まえ、広報法務戦略やコンプライアンス体制の構築・整備に関連する実践的アドバイスも数多く行っている。中央大学ビジネススクール客員教授、中央大学法科大学院客員講師。

宣伝会議 の出版物

広報の仕掛け人たち
PRのプロフェッショナルはどう動いたか

公益社団法人日本パブリックリレーションズ協会 編著

ブランディングや観光集客、地域活性化、社会課題の解決などの9つのプロジェクトについて、広報担当者とPR会社の担当者それぞれの視点から紹介。パブリックリレーションズの仕事の楽しさ、奥深さがわかる1冊。

■本体1800円＋税　ISBN 978-4-88335-350-7

デジタルPR実践入門 完全版

『広報会議』編集部 編

月刊『広報会議』の人気シリーズの完全版。嶋浩一郎氏をはじめ、広告業界を牽引するトップランナー20人がデジタルPRの基本から戦略、実践まで詳しく解説。「ウェブで自社や商品を話題化させたい」マーケター必見。

■本体1834円＋税　ISBN 978-4-88335-335-4

月刊 広報会議

企業規模や歴史を問わず、必要な「広報」の力。「世の中に広く知らせる」PRによって、企業の成長に必ずつながります。メディア対応や危機管理、社内向けの広報まで。実践の基本・ノウハウを毎月お届けします。

■本体1204円＋税

月刊 販促会議

「店頭、ECで商品を売る仕組み」や「イベントに人を集めるアイデア」をはじめ、旬な販促事例が満載のプロモーションの専門誌。販促の基礎知識、ウェブ・モバイルを活用した最新事例ほか、実際に使用されたプロの企画書情報も掲載。

■本体1204円＋税

詳しい内容についてはホームページをご覧ください　www.sendenkaigi.com

宣伝会議 の出版物

手書きの戦略論
「人を動かす」7つのコミュニケーション戦略

磯部光毅 著

本書は、コミュニケーション戦略を「人を動かす心理工学」と捉え、併存する様々な戦略・手法を7つに整理し、それぞれの歴史的変遷や、プランニングの方法を解説。各論の専門書を読む前に、体系的にマーケティング・コミュニケーションについて学ぶための一冊。

■本体1850円+税
ISBN 978-4-88335-354-5

すべての仕事はクリエイティブディレクションである。

古川裕也 著

日本を代表するクリエイティブディレクターであり、電通クリエイティブのトップである古川裕也氏、初の書籍。広告界だけの技能と思われている「クリエイティブで解決する」という職能をわかりやすく、すべての仕事に応用できる技術としてまとめた本。

■本体1800円+税
ISBN 978-4-88335-338-5

日本の企画者たち
～広告、メディア、コンテンツビジネスの礎を築いた人々～

岡田芳郎 著

過去の偉人たちは混迷の時代をどのような企画で乗り切ったのか。昔に活躍したクリエイター、企業家、ジャーナリストなどの企画術を人物伝形式の読み物として学ぶ。ひとを動かす企画術の温故知新です。

■本体2000円+税
ISBN 978-4-88335-356-9

実際に提案された秘蔵の企画書
販促会議SPECIAL EDITION

販促会議編集部 編

周囲を巻き込み、アイデアを実現させるには。何から書けばいいの？お悩み解決！企画書づくりの方程式。激戦を勝ち抜いたベスト販促アイデアに学べ、これがプロの企画書だ！ほか多数のテーマを収録。

■本体1834円+税
ISBN 978-4-88335-362-0

詳しい内容についてはホームページをご覧ください　www.sendenkaigi.com

宣伝会議 の出版物

【実践と応用シリーズ】
CMを科学する
「視聴質」で知るCMの本当の効果とデジタルの組み合わせ方

横山隆治 著

本書では、あいまいだったテレビCMの効果効能を科学的に分析し、真のデジタルマーケティングに必要なデータと共に動画コンテンツのありかた、将来的なテレビCMのあり方について論じる、マーケティング関係者必読の書。

■本体1500円+税　ISBN 978-4-88335-364-4

【実践と応用シリーズ】
生活者視点で変わる小売業の未来
希望が買う気を呼び起こす 商圏マネジメントの重要性

上田隆穂 著

ネット販売や新しい決済方法、商品の受け取り方、オムニチャネルなど様々な革新が至るところで起きている。そんな流通小売業の大きな変化を「生活者の視点」で見直すとどうなるのか。小売りの実証実験の結果をもとに新しい小売業のあり方をまとめた書籍。

■本体1500円+税　ISBN 978-4-88335-367-5

【実践と応用シリーズ】
拡張するテレビ
広告と動画とコンテンツビジネスの未来

境治 著

フジテレビの凋落やCM不振など、ネガティブな話題ばかりがあげられがちなテレビの周辺ビジネスの状況をイチから整理し、根本から考え直した末に見えてきた、新しい時代の広告、動画、コンテンツビジネスのあり方を提示する書籍。

■本体1500円+税　ISBN 978-4-88335-366-8

【実践と応用シリーズ】
サスティナブル・カンパニー
「ずーっと」栄える会社の事業構想

水尾順一 著

サスティナビリティの考え方は、企業が本当に社会の役に立つ存在になるための「事業構想」を考える上でも大きなヒントになる。大手企業が不祥事を起こしている今、世の中に信頼されるビジネスをどう生み出すのかをまとめた書籍。

■本体1500円+税　ISBN 978-4-88335-368-2

詳しい内容についてはホームページをご覧ください　www.sendenkaigi.com

【宣伝会議マーケティング選書】
デジタルで変わる
広報コミュニケーション基礎

発行日　　2017年1月3日　初版

編　者　　社会情報大学院大学
監　修　　上野征洋
発行者　　東　英弥
発行所　　株式会社宣伝会議
　　　　　〒107-8550　東京都港区南青山3-11-13
　　　　　tel.03-3475-3010（代表）
　　　　　http://www.sendenkaigi.com/
印刷・製本　平河工業社
装丁デザイン　SOUP DESIGN

ISBN 978-4-88335-375-0 C2063

© 2016 HideyaAzuma, YukihiroUeno, KunioInoue,
MamoruKobayakawa, MotohiroAndo, KoichiKitami,
ShinichiShibayama, FumitakeSakamoto, HidemiKitamura,
MakikoKido, ToshihiroEnami, KuniyoshiShirai, TetsuyaHonda,
KyokoKato, MasahikoNakamura Printed in Japan

無断転載禁止。乱丁・落丁本はお取り替えいたします。